스크린골프
정복하기

스크린골프 정복하기

개정판 1쇄 발행 2013년 11월 15일
개정판 6쇄 발행 2023년 9월 25일

저 자   박세규
발행인 김중영
발행처 오성출판사
편집·디자인   (주)우일미디어디지텍
주 소   서울시 영등포구 영등포동 6가 147-7
전 화   02)2635-5667~8
팩 스   02)835-5550
등 록   1973년 3월 2일 제13-27호

정 가   16,000원

ISBN 978-89-7336-784-9 13690
www.osungbook.com

* 파본은 구입처에서 교환하실 수 있습니다.
* 독창적인 내용의 무단 전재, 복제를 절대 금합니다.

스크린골프
정복하기

머리말

새롭게 바뀐 골프존의 최신 스크린 이미지를 적용한 '스크린골프 정복하기' 개정판 발간!

『골퍼라면 스크린과 필드 모두에서 잘하고 싶은 바람이 있다』

필드에선 싱글 플레이어인데 스크린에서는 백돌이인 골퍼가 아직 많다. 스크린골프의 간단한 원리 몇 가지만 알면 필드와 유사한 스코어를 낼 수 있다.
반대로 스크린에서 터득한 원리를 필드에 적용해도 많은 도움이 되는데, 본 교본을 잘 익히면 스크린과 필드 모두 핸디를 줄일 수 있다.

『본 교본은 내용이 풍부해 골프 기초부터 심화까지, 초보 골프부터 PGA 프로까지 모두 참고할 수 있다』

골프 기초와 관련해서는 골프 기본상식에서부터 그립, 스윙, 플레이어 규칙까지 모두 수록했다.
스크린골프와 관련해서도 입문 단계부터 심화 단계와 마스터 따라 하기 단계로 구분해 수준에 따라 참고하도록 구성했고, 또 기본에 충실하면서도 통계에 의한 디지털 골프 방법을 제시해 PGA 프로도 참고할 수 있도록 했다.

『지금까지 나온 어떤 골프 교본보다 디테일하다』

퍼팅 방향과 거리조절 방법, 클럽별 거리표, 높낮이 거리 반영법, 바람 계산법 등 골프에 있어서 가장 중요한 부분을 공식과 표로 그 비법을 전수한다.
퍼팅 계산법 등은 필자가 반복적인 시행착오 끝에 독창적으로 만들어낸 공식이며, 최근 이 공식이 일부 GTOUR 프로에게 알려져 급속하게 퍼지고 있다.
스크린골프를 잘하기 위해서는 기본적인 스윙도 좋아야 하고, 스크린골프 시스템의 기능도 잘 알아야 하기 때문에 스윙과 시스템을 넘나들며 가급적이면 디테일하게 설명했다.

『지금까지 골프 교본은 단순한 골프 상식과 스윙에 관한 교본이었다면, 본 교본은 과학적 통계이론에 근거한 **디지털 골프**에 관한 이야기다』

스크린골프 화면에는 볼 스피드, 헤드 스피드, 사이드스핀양, 백스핀양 등이 숫자로 나타난다. 이 가운데 볼 스피드를 보면 내가 어느 정도 스피드로 히팅했는지를 알 수 있다.

퍼팅 시 어느 정도 백스윙 사이즈로 퍼팅하면 볼이 몇 미터 구르는지를 수많은 반복을 통해 퍼팅 거리별 볼 스피드 표를 만들었다.

세컨샷이 145m 남았을 때 "7번 아이언으로 약간 짧게 공략해야지!"라고 생각하는 것보다는 거리표에 의해 7번 아이언으로 120도(얼굴까지) 스윙을 자신 있게 해야 홀컵 가까이 붙일 확률이 높다.

퍼팅에서 10m 거리에 0.2m 내리막인 경우 감으로 대충 치는 것보다는 10m − (0.2m × 10 × 150%) + 0.2m 공식에 의한 확신으로 7.2m를 정확하게 쳐야 홀컵에 공이 들어갈 확률이 높다.

『본 교본이 스크린골프 활성화뿐만 아니라, 골프 강국 대한민국을 이어나가는데도 도움이 되기를 기대한다』

젓가락을 섬세하게 사용하는 나라라 유난히 감이 좋아 박세리, 최경주 등 우리나라 많은 골프 선수가 LPGA, KPGA 정상에서 활동하고 있어, 우리나라는 골프 강국임이 분명하다.

하지만 모든 나라에서 과학적 트레이닝 방법을 도입함으로써 감으로만 세계 정상을 유지하기에 어려움이 있다. 더욱이 신체적 열세 등 불리한 환경이 있기에 이를 극복하고 골프 강국의 명맥을 계속 이어가기 위한 대안이 필요하다.

이에 필자는 감이 아닌 수치적인 개념의 **디지털 골프를 대안**으로 제안한다. 디지털 골프를 이해하고 디지털 골프를 지속적으로 연마하면, 디지털 골프는 여러분의 안정적일 플레이와 각종 대회에서 좋은 성적을 약속할 것이다.

『본 교본을 출판하기까지 도와주신 분들』

가장 먼저, 늦은 귀가에도 너그럽게 이해해 준 내 사랑하는 아내 유정화 프로에게 감사하고, 내게 연습 환경을 제공한 '유소연의 러빙유스크린골프' 유창희 사장님, 골프존 최신 스크린 이미지를 제공해주고 배려와 도움을 아끼지 않으신 '골프존 마케팅실' 여러분, 평소 내 골프 스윙 등에 조언을 아끼지 않은 조재돈, 김용진, 최근정, 안옥섭, 김형찬, 김종호, 박형수, 이병희, 송분도, 김성채 프로 등에게 감사의 말씀을 전한다.

목차

1 골프의 기초 ... 8
1. 골프 클럽 ... 10
2. 골프 홀의 구조와 명칭 ... 14
3. 스코어의 명칭 및 내용 ... 15
4. 골프 경기의 종류 및 명칭 ... 16
5. 그립 ... 26
6. 스윙 ... 28
7. 골프는 확률이고 통계다 ... 43
8. 드롭에 대한 기준 ... 45

2 스크린 골프 기본 ... 48
1. 시스템 설명 ... 50
2. 화면 설명 ... 55
3. 단축키 ... 57
4. 골프존 미니맵 보기 ... 59
5. 지형 및 날씨에 따른 기본거리 계산법 ... 61
6. 나만의 환경을 만들자(클럽별 비거리, 티 높이 등 설정) ... 62

3 스크린골프 고수되기 ... 68
1. 드라이버 장타요령 ... 70
2. 아이언 연습법 ... 73
3. 바람 계산법 ... 82
4. 퍼팅 거리 연습법 ... 88
5. 퍼팅 라이 계산법 ... 92

4 GTOUR프로에게 배운다. 스크린골프 심화 ... 118
1. 나만의 클럽별 거리표를 만들어라! ... 120
2. 드라이버 샷 ... 122
3. 오르막/내리막 어프로치 시 주의할 점 ... 127
4. 볼 스피드/탄도와 비거리 ... 132

5	센서 오류의 유형과 방지법(리얼 기준) 센서를 이기자!	137
6	볼 종류에 따라 구질이 다르다?	139
7	하루에 5경기 정도는 소화할 수 있는 체력을 길러라!	142
8	어프로치 비법	143

5 GLT/LGLT, GTOUR를 준비한다 — 158
1. 예선 통과하기 — 160
2. 지역결선 및 전국결선 준비하기! — 169

6 골프의 벌타 규정 — 172
1. 전반적으로 적용되는 벌타 — 174
2. 티잉 그라운드에서 벌타 — 175
3. 세컨샷에서 벌타 — 176
4. 워터 해저드, 병행 워터 해저드에서 벌타 — 178
5. 벙커에서 벌타 — 179
6. 퍼팅 그린에서 벌타 — 180

7 센추리21 CC(리얼) 정복하기 — 182

8 플레이어 규칙 — 222
경기 — 224
클럽과 볼 — 228
플레이어의 책임 — 232
플레이 순서 — 237
티잉 그라운드 — 238
퍼팅 그린 — 242
드롭선택 — 243
경기 관리(Administration) — 250

1

스크린골프
정복하기

골프의
기초

골프 클럽

클럽의 종류별 명칭

클럽의 종류		
우드 (Wood)	드라이버(driver)	1번
	브라시(brassie)	2번
	스푼(spoon)	3번
	버피(buffy)	4번
	크리크(cleek)	5번
아이언	롱 아이언	3, 4, 5번
	미들 아이언	6, 7번
	쇼트 아이언	8, 9번
웨지	PW (pitching wedge)	10번
	A(approach)	11번
	SW (sand wedge)	
퍼터	퍼터(putter)	

클럽의 부위별 명칭

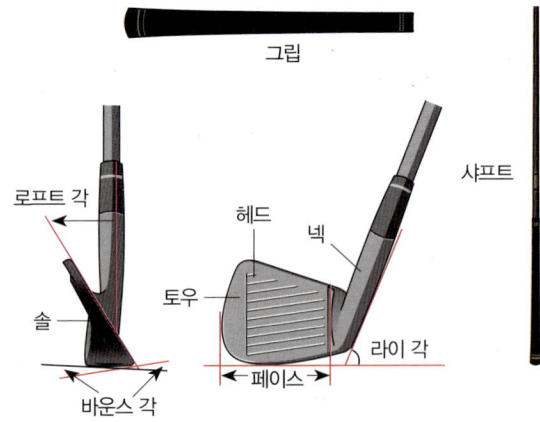

단조와 주조

아이언은 제조공법의 차이로 단조아이언과 주조아이언으로 나뉜다. 단조는 두드려서 만든 것이고 주조는 형틀에 쇳물을 부어 만든 것이다. 일반적으로 프로와 상급자 골퍼는 단조아이언을 선호하고 가격 역시 주조아이언에 비해 비싸다. 그래서 대부분의 골퍼는 무조건 단조 헤드가 좋다고 인식하지만, 반드시 단조아이언이 좋다고는 말할 수 없다.

단조아이언

- 단조아이언의 헤드는 주로 스테인리스스틸보다 부드러운 소재인 연철(카본 스틸)을 사용하며, 쇠를 두드려 연마해서 만들기 때문에 조직이 치밀하다.
- 골프공과 단조아이언의 헤드는 밀착력이 뛰어나 타구감이 부드럽고 컨트롤하기 좋으며, 공의 스핀이 많아 공을 일정 지점에 세우기가 용이하다.
- 또한 라이 각과 로프트 각을 각각 4도 정도까지 조절할 수 있어 자신의 몸에 맞춘 피팅이 가능하다.

- 제작 특성상 다양한 디자인 구현이 어려워 전통적인 블레이드 타입이나 머슬백 타입, 즉 페이스 뒷면이 평평한 타입이다.
- 쇠 특성상 녹이 스는 현상이 발생하고, 주조에 비하여 고가이고 상대적으로 비거리가 감소하는 경향이 있다.

주조아이언

- 왁스용법으로 만든 틀 안에 스테인리스와 같은 금속 쇳물을 부어 만들어 충격 및 내구성이 양호하고, 경도가 높은 재질이라 반발력이 좋으며, 대량생산에 용의하다. 특히 주조아이언은 자유로운 디자인 채택이 가능하다.
- 반면에 단조아이언에 비해 타구감이 딱딱하고 스핀이 적어 상대적으로 런이 많이 발생하므로 컨트롤하기가 어렵다.
- 하지만 요즘은 기술이 발달되어 주조아이언의 타구감도 많이 향상되었다.

샤프트 강도

일반적인 샤프트의 강도 분류

표 기	설 명
X (Extra)	매우 단단함, 프로 또는 세미프로용
S (Stiff)	단단함, 힘으로 공을 찍어 치는 타입의 골퍼
SR (Stiff Regular)	단단함과 보통의 중간 정도
R (Regular)	보통, 일반 골퍼
A (Amature)	약간 무름, 스윙 속도가 느린 시니어 또는 여성용
L (Ladies)	매우 무름, 여성 혹은 주니어용

내게 맞는 드라이버 샤프트 선택하기

드라이버를 선택할 때 가장 고려해야 할 사항은 체중과 헤드 스피드 두 가지다.

내 체중에 비례하는 샤프트를 선택하라!

- 대체적으로 샤프트의 중량을 내 체중에 비례하여 선택한다면 큰 실수가 없다.

내 체중(kg)	샤프트 중량(g)
60~70	55 ± 2
70~80	60 ± 2
80~90	65 ± 2
90 이상	70 ± 2

헤드 스피드도 고려해야 한다.

- 헤드 스피드에 따라 샤프트 중량 선택하는 방법

드라이버 헤드 스피드	샤프트 중량(g)
60~65	55 ± 2
65~70	60 ± 2
70~75	65 ± 2
75 이상	70 ± 2

토크도 고려하자!

- 토크(torque)는 골프채 샤프트가 비틀어진 정도를 말하는데 클럽 헤드와 샤프트가 기역(ㄱ) 형태로 연결돼 있기 때문에 임팩트 시 샤프트가 아주 조금 비틀어진다. 이 비틀어진 각도를 토크라고 한다.

- 1파운드짜리 추를 달아 비틀림 정도를 측정하는데, 토크 수치가 낮을수록 비틀림 각도가 작으며 일반적으로 4.0 이하를 낮은 토크, 5.0 이상을 높은 토크라고 한다. 그래서 토크가 높은 샤프트는 비틀림이 크다.

- 토크는 샷에 큰 영향을 미치지는 않지만 본인의 스윙 스피드에 비해 토크가 지나치게 낮으면(뻣뻣하면) 엘보에 걸릴 수도 있으며, 임팩트 시 딱딱한 곳을 치는 것 같은 느낌이다.

골프 홀의 구조와 명칭

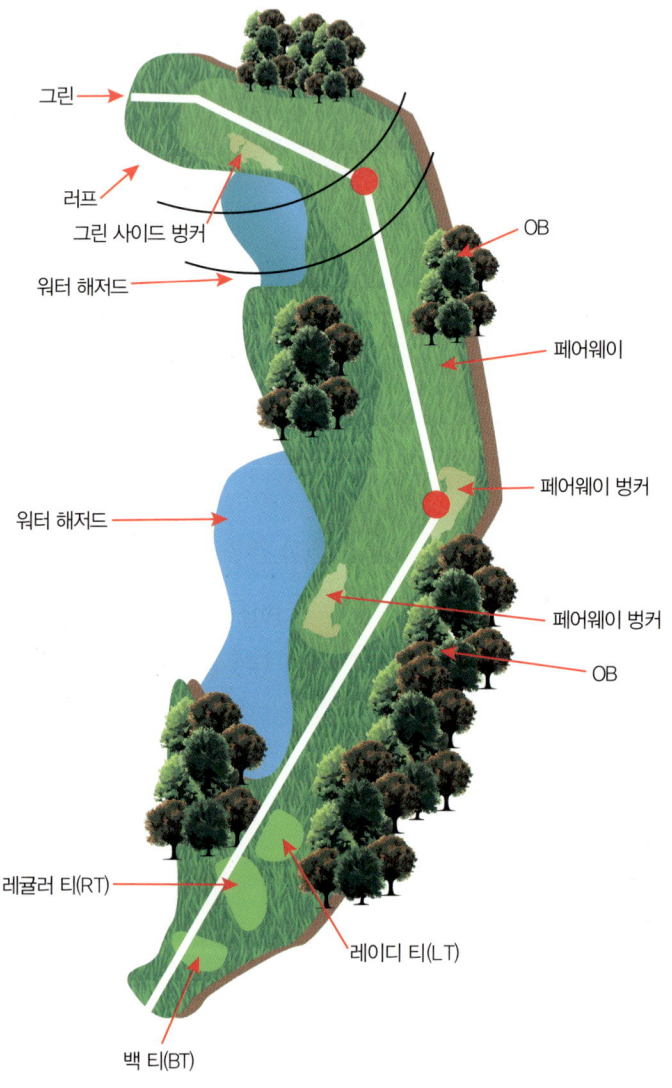

스코어의 명칭 및 내용

스코어 명칭		타수	내 용
앨버트로스	Albatross	-3	기준 타수보다 3타 적은 타수로 홀인
홀인원	Hole in one	-2	파3홀에서 한 번에 홀인
이글	Eagle	-2	기준 타수보다 2타 적은 타수로 홀인
버디	Birdie	-1	기준 타수보다 1타 적은 타수로 홀인
파	Par	0	기준 타수로 홀인
보기	Bogey	1	기준 타수보다 1타 많은 타수로 홀인
더블 보기	Double Bogey	2	기준 타수보다 2타 많은 타수로 홀인
트리플 보기	Triple Bogey	3	기준 타수보다 3타 많은 타수로 홀인
쿼드러플 보기	Quadruple Bogey	4	파4홀에서 8타를 치면 쿼드러플 보기
퀸튜플 보기	Quintuple Bogey	5	파5홀에서 10타를 치면 퀸튜플 보기

골프 경기의 종류 및 명칭 4

스트로크 플레이(Stroke paly)

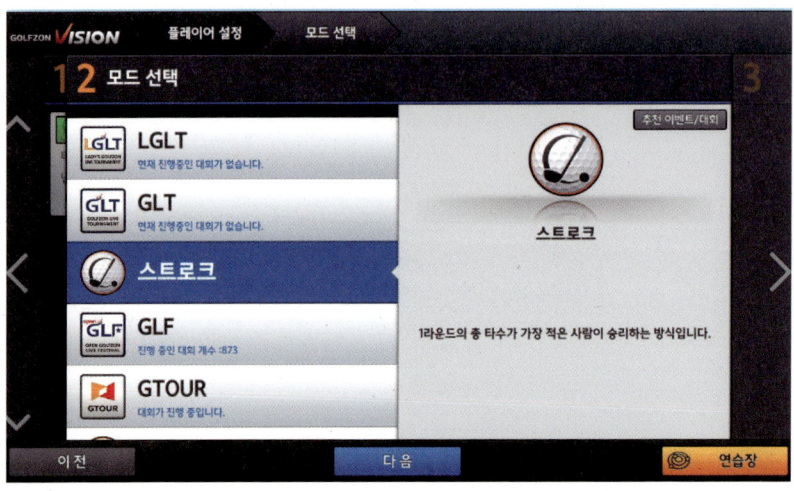

- 골프에는 크게 매치 플레이와 스트로크 플레이, 2가지 경기방식이 있다. 매치 플레이는 홀마다 승부를 겨뤄 이긴 홀이 많은 쪽이 승자가 되는 방식이고, 스트로크 플레이는 정해진 라운드의 스코어 합계로 순위를 가리는 것이다.

- 원래 골프 경기는 1홀마다 승패를 겨루는 매치 플레이가 전부였으나 18홀 코스로 통일되면서 이 18홀의 합계 점수로 승패를 겨루는 스트로크 플레이가 생겨났다.

- 스트로크 플레이는 전체 라운드를 플레이해서 그 총 타수가 가장 적은 사람이 승자가 된다.

- 보통 아마추어 경기에서는 개인마다 실력차이가 있기 때문에 자기가 실제 친 타수의 종합계에서 자신의 핸디캡을 뺀 값이 가장 적은 순으로 순위를 결정한다.

- 프로 시합은 핸디캡이 없고 프로 선수권과 같은 큰 시합은 보통 1일 18홀을 4일간, 즉 72홀로 진행한다. 따라서 72홀의 누적 스코어로 승자를 가린다.

골프존 스트로크 플레이 스코어카드 샘플

매치 플레이(Match play)

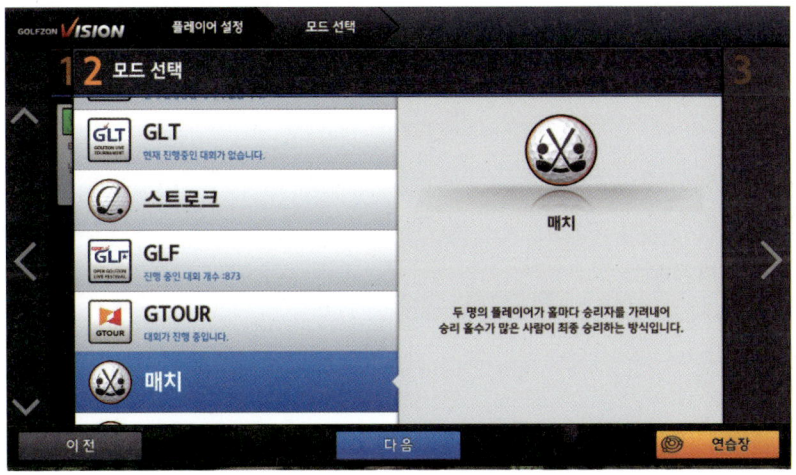

- 각 홀마다 승부를 가리는데, 타수(打數)가 적은 쪽을 그 홀의 승자로 하고, 각 홀 경기가 끝날 때마다 승패 수를 계산해 이긴 홀 수가 많으면 승리한다.
- 원래 골프는 매치 플레이 형식으로 고안되었으며, 1759년에 스트로크 플레이가 고안되기 전까지 약 400년은 전부 매치 플레이로 경기했다.
- 매치 플레이에는 여러 종류가 있으나 플레이어 각자가 볼 1개로 경기하는 것이 원칙이다. 그 종류는 다음과 같다.

  ▶ "싱글"이란 1인 대 1인이 대항하는 매치.

  ▶ "스리섬"이란 1인 대 2인이 대항하는데 양쪽이 각각 볼 1개로 플레이하는 매치.

  ▶ "포섬"이란 2인 대 2인이 대항하여 양쪽이 각각 볼 1개로 플레이하는 매치.

  ▶ "스리볼"이란 3인이 서로 대항하여 각자 볼 1개로 플레이하는 매치.

  ▶ "베스트 볼"이란 1인이 2인 또는 3인으로 구성된 상대에 대항하는 매치인데, 2인 이상으로 된 쪽은 각자의 볼로 플레이해 각 홀마다 최소타를 올린 사람의 스코어를 그 팀 스코어로 한다.

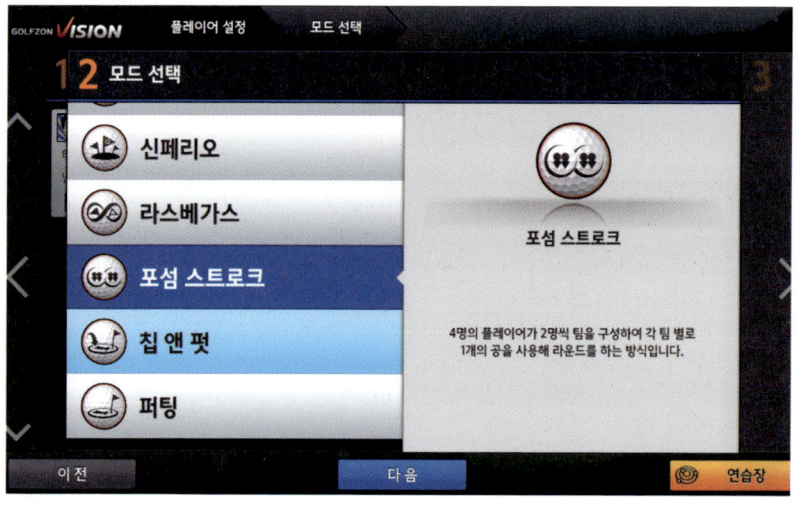

▶ "포볼"이란 2인 대 2인으로 대항하는 매치인데, 각 플레이어는 각자의 볼로 플레이해 각 홀마다 각 팀 구성원의 가장 적은 타수를 그 팀 스코어로 한다.

스킨스 게임

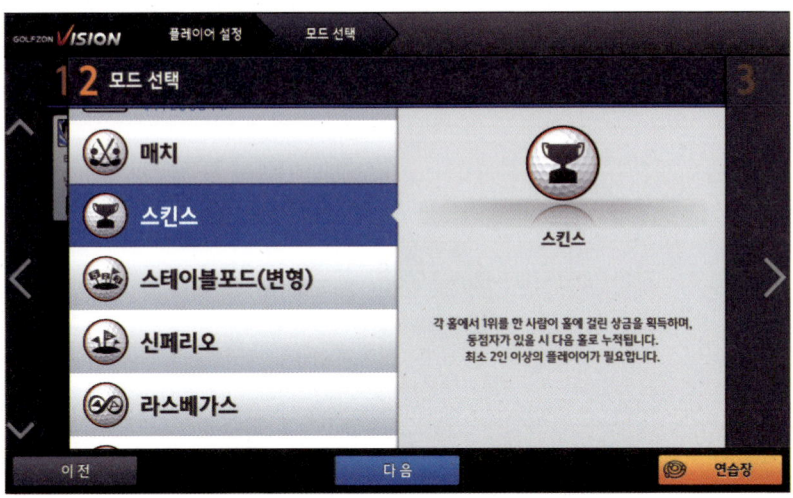

- 각 홀의 1위 선수가 각 홀에 걸린 상금을 가져가는 골프 경기의 하나
- 총 타수로 순위를 결정하는 방식인 스트로크(stroke)와 다르게 각 홀당 상금을 걸어 그 홀에서 가장 훌륭한 플레이를 보인, 가장 적은 스코어를 기록한 사람이 상금을 가져가는 방식의 게임이다.
- 골프에서 해당 홀의 승리를 스킨이라고 부르는 데서 붙은 명칭이다.

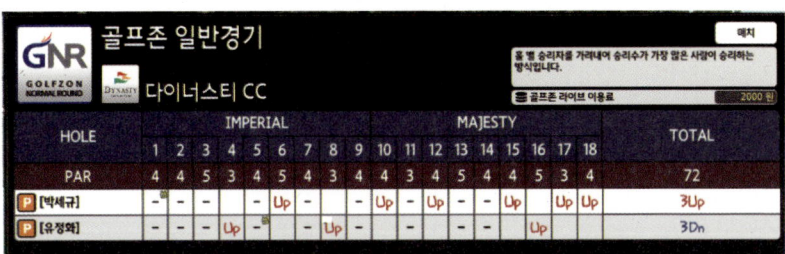

골프존 매치 플레이 스코어카드 샘플

- 동점자가 발생하면 상금은 다음 홀 상금과 합산되는 시스템이므로 계속 동점자가 발생하면 마지막 홀에서 1위를 한 사람이 전체 상금을 차지한다.
- 매년 추수감사절 연휴에 PGA 스킨스 게임이 개최되고 있으며, 선수들은 차지한 상금의 20%를 자선단체에 기부해야 한다.

스테이블포드 방식

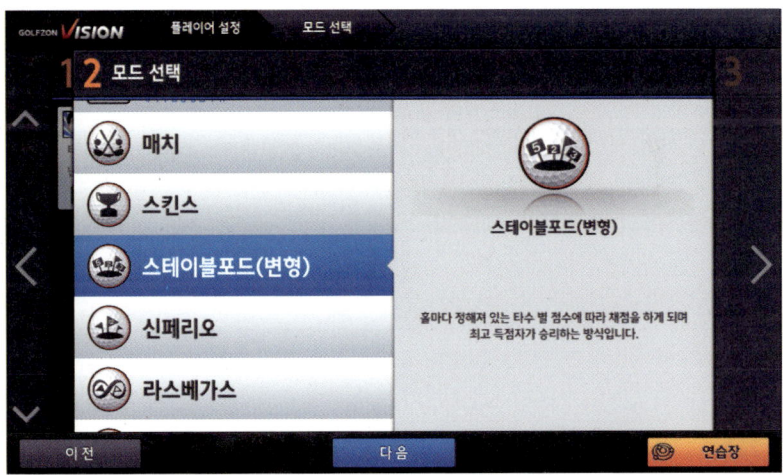

- 홀마다 정해진 각 타수별 점수를 합산해 최종 점수가 높은 사람이 이기는 방식이다. 타수별 점수는 다음과 같다.

기록	앨버트로스	이글	버디	파	보기	더블 보기 이상
점수	8점	5점	2점	0점	-1점	-3점

라스베가스 방식

- 2인이 1팀으로 진행하는 경기로 팀 멤버 중 적은 타수 십의 자릿수와 많은 타수 일의 자릿수를 합해 팀 점수를 산출, 적은 숫자 팀이 승리하는 방식의 경기이다(예: 85타, 91타 → 81타).

- 골프존에서는 경기 흥미를 더하기 위해 1등과 4등이 한 팀, 2등과 3등이 한 팀이 되어 게임에 들어가는데 좌·우탄별로 지정이 가능하며 친 타수를 곱해 낮은 팀이 승리하는 경기방식이다.

- 좀 더 풀어서 설명하면 전 홀의 타수로 순위가 정해지면 1번과 4번이 한 팀, 2번과 3번이 한 팀이 되어 타수를 곱한 숫자를 비교해 낮은 숫자의 팀이 승리하는 방식이다.

- 물론 1, 4번과 2, 3번으로 팀을 가르는 방법이 있고, 해당 홀에서 좌탄(볼 4개 중 상대적으로 좌측으로 간 볼의 선수를 한 팀으로 함), 우탄(볼 4개 중 상대적으로 우측으로 간 볼의 선수를 한 팀으로 함)으로 가르는 방법도 있다.

신페리오 방식

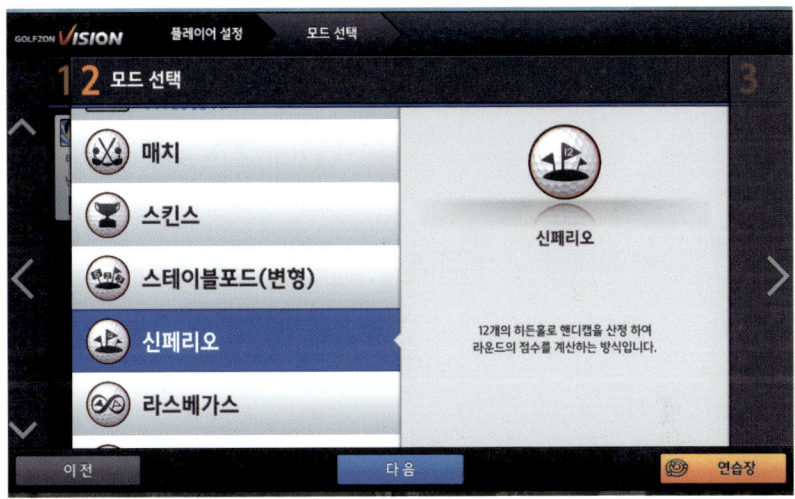

- 성적보다는 대회 자체에 의미를 부여하고, 초보자도 우승할 확률을 높임으로써 참여도와 긴장감을 불러일으키는 경기방식이다.

- 18개 홀 가운데 파 합계가 48이 되도록 임의로 전·후반 6개씩 12개 홀을 선택해 숨겨 놓고, 경기 종료 후 숨긴 12홀의 실제 타수를 더한 숫자에 1.5를 곱한 뒤, 다시 기준 타수(72타)를 빼고 0.8을 곱한다.

- 예를 들어 12개 홀의 실제 총 타수가 76이라면, (76 × 1.5 − 72) × 0.8을 계산한 33.6이 핸디캡이 된다.

- 12홀 합계가 70이라면 1.5배하여 105, 코스의 파 기준타수(72타)를 뺀 33의 8할인 26.4가 핸디캡이다.

핸디캡 조견표

12홀의 타수 계	핸디캡	12홀의 타수 계	핸디캡	12홀의 타수 계	핸디캡
48	0.0	59	13.2	70	26.4
49	1.2	60	14.4	71	27.6
50	2.4	61	15.6	72	28.8
51	3.6	62	16.8	73	30.0
52	4.8	63	18.0	74	31.2
53	6.0	64	19.2	75	32.4
54	7.2	65	20.4	76	33.6
55	8.4	66	21.6	77	34.8
56	9.6	67	22.8	78	36.0
57	10.8	68	24	79	37.2
58	12.0	69	25.2	80	38.4

백카운트란?

최종 라운드 타수가 같으면 후반 9홀의 총 타수, 후반 6홀의 총 타수, 후반 3홀의 총 타수 순으로 성적을 따지는 방식이다. 모두 일치하면 마지막 홀부터 1번 홀까지 역산으로 각 홀 타수를 따진다.

- 마지막 홀에서 이긴 사람을 승자로 하고, 비긴다면 점점 앞 홀로 가면서 승자를 가린다고 착각하는 골퍼가 많지만 그렇지 않다.

18홀 성적이 동타일 경우

① 마지막 9홀(10~18홀) 성적을 비교하여 결정한다.

(핸디캡을 인정한 시합인 경우에는, 핸디캡의 1/2을 성적에서 제하고 얻은 수치로 따진다. 소수점은 반올림하지 않고 그대로 반영한다.)

② ①에서 해결하지 못하면, 마지막 6홀(14~18홀) 성적을 비교하여 결정한다.

(핸디캡을 인정한 시합인 경우에는, 핸디캡의 1/3을 성적에서 제하고 얻은 수치로 따진다. 소수점은 반올림하지 않고 그대로 반영한다.)

③ ②에서 해결하지 못하면, 마지막 3홀(16~18홀) 성적을 비교하여 결정한다.

(핸디캡을 인정한 시합인 경우에는, 핸디캡의 1/6을 성적에서 제하고 얻은 수치로 따진다. 소수점은 반올림하지 않고 그대로 반영한다.)

④ ③에서 해결하지 못하면, 마지막 홀(18번 홀) 성적을 비교하여 결정한다.

(핸디캡을 인정한 시합인 경우에는, 핸디캡의 1/18을 성적에서 제하고 얻은 수치로 따진다. 소수점은 반올림하지 않고 그대로 반영한다.)

그립 5

그립의 종류

그립은 스탠더드(오버래핑) 그립과 스트롱(훅) 그립, 그리고 위크(슬라이드) 그립이 있는데 보통 스탠더드 즉, 오버래핑 그립을 많이 사용하고 있으나 장타자 중에는 스트롱 그립을 사용하는 선수가 많다.

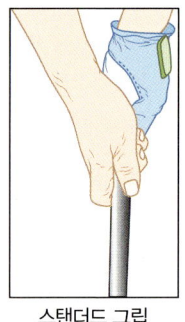
스탠더드 그립

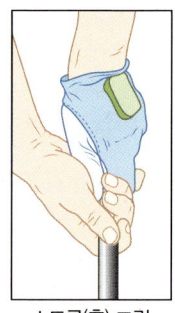
스트롱(훅) 그립

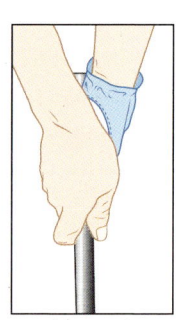
위크(슬라이드) 그립

그립 관련 Tip

오른손은 항상 스퀘어하게

- 오른손은 컨트롤하는 손으로 임팩트 시 오른손으로 스퀘어를 유지하려는 본능이 있다. 따라서 오른손은 스퀘어하게 잡아야 한다.

그립의 변화로 볼 방향을 수정하지 마라.

- 볼 방향은 스윙궤도에 의해 결정되므로 스윙궤도를 수정하라! 오른쪽으로 출발하는(푸시) 볼을 잡기 위하여 스트롱(훅) 그립으로 고쳐 잡으면 악성 훅이 발생할 가능성이 있다.

멀리 보낼수록 가볍게 그립하라!

- 초보자가 쉽게 범하는 실수는 멀리 보내기 위해 힘을 강하게 준다는 것이다. 노련하고 로우 핸디 골퍼일수록 먼 거리를 보낼 때는 그립을 최대한 가볍게 쥐고, 칩샷이나 러프에서 샷을 할 경우에는 조금 강하게 쥔다.

왼손 엄지와 검지를 제외한 나머지 세 손가락의 힘이 70%

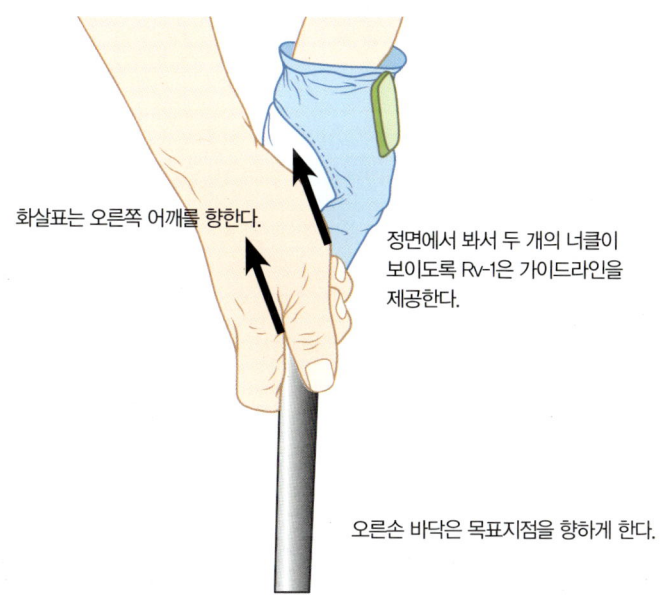

화살표는 오른쪽 어깨를 향한다.

정면에서 봐서 두 개의 너클이 보이도록 Rv-1은 가이드라인을 제공한다.

오른손 바닥은 목표지점을 향하게 한다.

스윙 6

스윙의 기본원리

출발 방향: 스윙궤도에 의해 결정된다.

- 아웃인: 좌측 출발
- 인아웃: 우측 출발

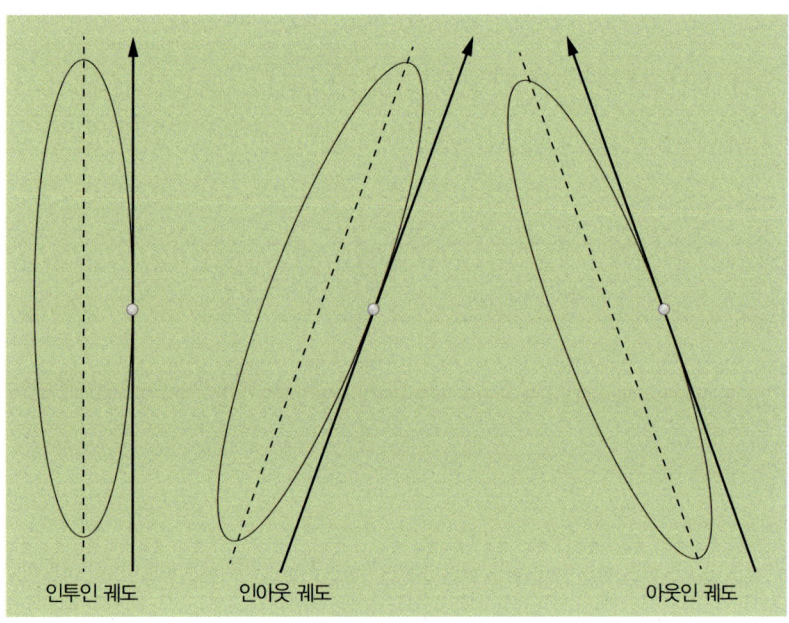

궤도에 따른 볼의 출발 방향

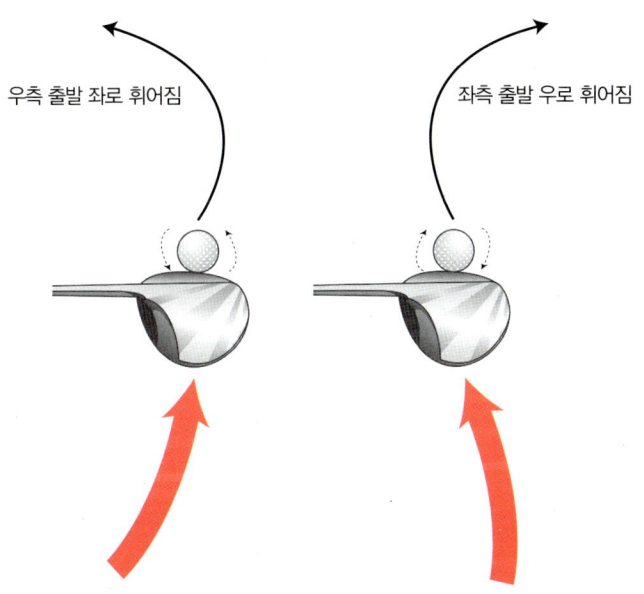

볼 스핀에 따른 구질변화

공의 좌우 휘어짐: 페이스가 열리고 닫히는 것에 의해 결정된다.

- 페이스 열림: 오른쪽으로 휘어짐
- 페이스 닫힘: 왼쪽으로 휘어짐

탄도의 결정

- 볼 탄도는 클럽의 로프트 각도와 어드레스 시 공의 위치 등에 따라 달라진다.
- 클럽의 로프트 각도: 쇼트 아이언은 높은 탄도, 롱 아이언은 낮은 탄도

로프트 각도와 남여 표준 비거리

클럽 종류			표준 로프트 각도	표준 거리(m)	
				남	여
우드	1번	드라이버	10°	220~230	160~180
	2번	브라시	13°	210~220	160~170
	3번	스푼	16°	200~210	155~160
	4번	버피	19°	290~200	150~155
	5번	크리크	22°	180~190	140~150
아이언	3번		20°	170~180	150~160
	4번	롱 아이언	35°	160~170	140~150
	5번		28°	150~160	130~140
아이언	6번	미들 아이언	32°	140~150	120~130
	7번		36°	130~140	110~120
	8번	쇼트 아이언	40°	120~130	100~110
	9번		44°	110~120	90~100
웨지	PW	피칭 웨지	48°	~100	~80
	AW	어프로치	52°	~90	~70
	SW	샌드 웨지	56°	~60	~50

▶ 로프트 각은 클럽 제조사별로 약간의 차이는 있다.

- 공의 위치에 따라: 왼발 쪽/어퍼 블로 궤도는 높은 탄도, 오른발 쪽/다운 블로 궤도는 낮은 탄도
    - ▶ 드라이버는 공이 헤드 페이스의 어느 부분에서 임팩트가 되느냐에 따라 탄도가 많이 달라질 수 있다. 위쪽에 맞으면 높은 탄도이고, 아래쪽에 맞으면 낮은 탄도이다.

- 티 높이에 따라서도 탄도가 달라진다.

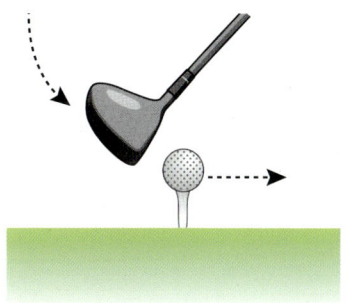
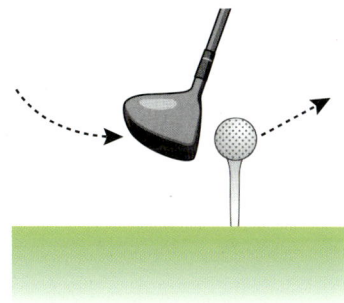

티가 낮을 경우
- 뒷땅을 칠 위험이 있기 때문에 스윙이 다운 블로가 된다.
- 드라이버 헤드 페이스의 중앙 아래쪽에 맞아 낮은 탄도의 구질이 된다.

티가 높을 경우
- 뒷땅을 칠 위험이 없기 때문에 스윙궤도에서 최저점을 지나 올라오면서 볼을 친다.
- 드라이버 헤드의 중앙 윗부분에 맞아 높은 탄도 구질이 된다.

티가 낮을 때와 높을 때의 탄도

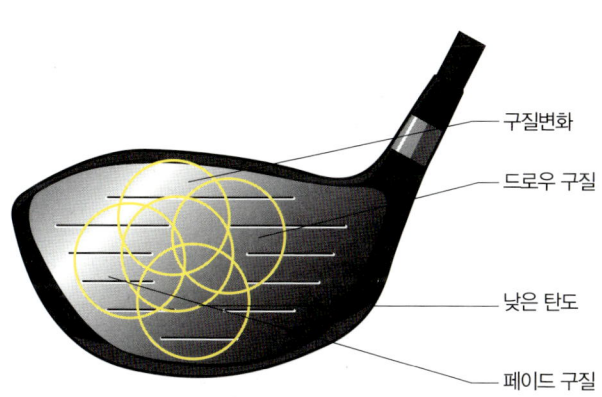

타구 부위에 따른 구질변화

드라이버 헤드 페이스 타구 면을 조정하여 구질을 조정할 경우 미스 샷의 가능성이 높으므로 권장하지 않고 뒷장에서 설명하는 스윙궤도를 통한 구질변화를 권장한다.

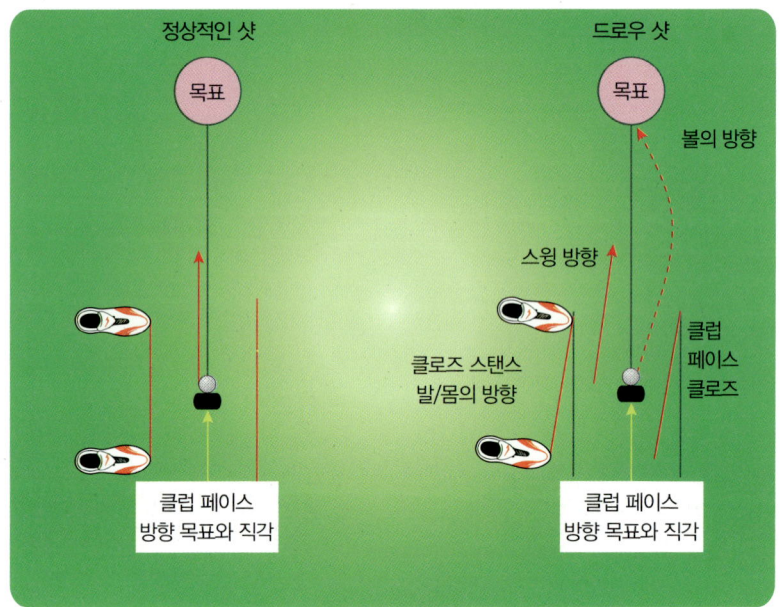

드로우 샷 이론

드로우 샷(Draw shot)

의도적으로 볼을 약간 우측으로 출발시켰다가 좌측으로 휘게 하는 구질. 코스가 왼쪽으로 굽은 도그렉 홀이나 전방 왼쪽에 장애물이 있을 경우 유용한 샷이다.

드로우 샷 방법

❶ 정방향으로 정렬한다.

❷ 오른쪽 발을 약간 뒤로 이동하고 목표 지점보다 우측으로 다시 정렬(발, 무릎, 어깨)한다.
  ▶ 볼이 평소보다 약간 좌측에 놓이는 효과가 있음

❸ 클럽 페이스는 반드시 목표 지점을 향하게 고쳐 잡는다.
  ▶ 스윙궤도 대비 약간 닫힌 효과가 있음

❹ 정렬한 방향으로 정상적인 스윙을 한다.

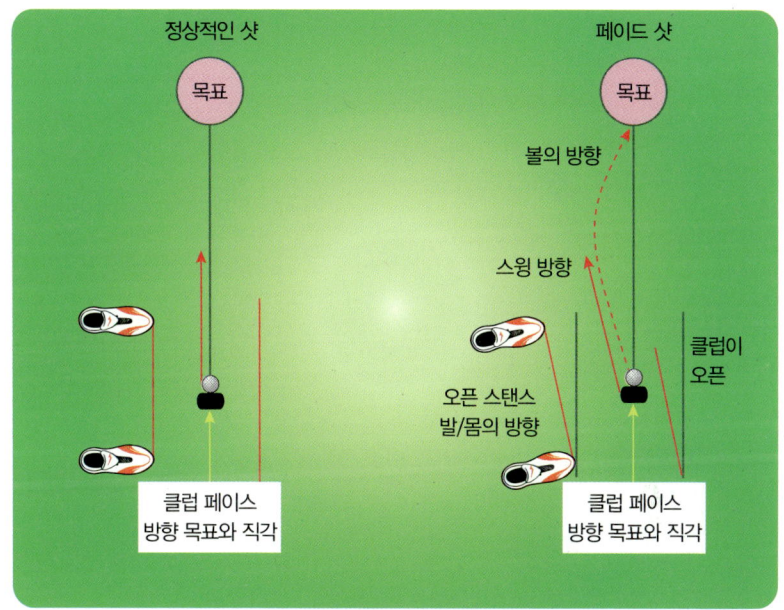

페이드 샷 이론

페이드 샷(Fade shot)

의도적으로 볼을 약간 좌측으로 출발시켰다가 우측으로 휘게 하는 구질. 코스가 오른쪽으로 굽은 도그렉 홀이나 전방 우측에 장애물이 있을 경우 유용한 샷이다.

페이드 샷 방법

❶ 정방향으로 정렬한다.

❷ 왼쪽 발을 약간 뒤로 이동하고 목표 지점보다 좌측으로 다시 정렬(발, 무릎, 어깨)한다.
  ▶ 볼이 평소보다 약간 우측에 놓이는 효과가 있음

❸ 클럽 페이스는 반드시 목표 지점을 향하게 고쳐 잡는다.
  ▶ 스윙궤도 대비 약간 열린 효과가 있음

❹ 정렬한 방향으로 정상적인 스윙을 한다.

구질의 명칭과 원인

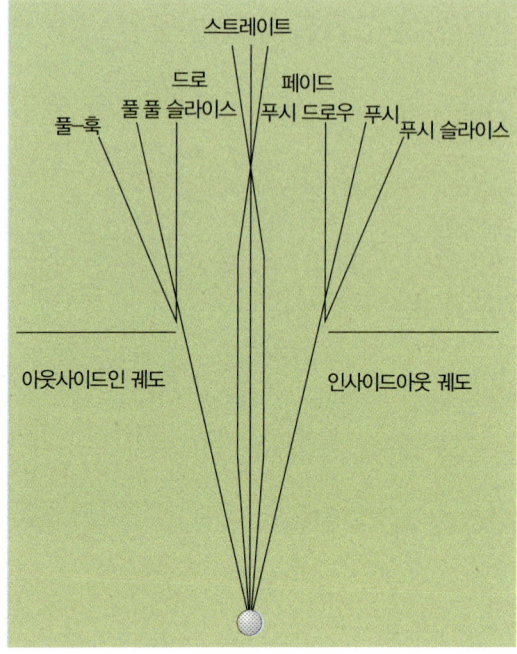

드라이버 페이스의 입사각에 따른 볼 구질의 변화

스윙궤도에 의하여 출발 방향 결정

단계별 스윙 동작

골프 교본, 공중파 골프방송 등을 보면 테이크백, 팔로 스루 같은 용어를 많이 사용하는데 일반인이 듣고 "어디서부터 어디까지가 테이크백 구간이지?"하는 의문을 가질 수 있다. 그래서 스윙 동작을 6가지로 구분하여 명칭과 구간을 알아보기로 하자.

어드레스(골프 스윙을 시작하기 위하여 정지상태의 기본자세)

어드레스 순서

❶ 우선 어드레스를 할 때 클럽에 따라 적정한 넓이로 선다.

- 일반적으로 드라이버는 양발의 내측을 어깨너비 정도로 벌리고
- 7번 아이언은 어깨너비의 안쪽 정도
- 쇼트 아이언으로 갈수록 발 폭이 좁아짐
  ▶ 연습을 통하여 자신에게 가장 적합한 발 폭을 찾는 것이 중요하다.

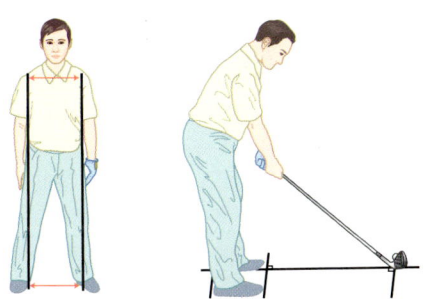

    보통 힘이 좋은 선수들은 몸통 회전을 원활히 하기 위하여 좁은 발 폭, 몸이 외소하고 유연한 선수들은 넓은 발 폭을 선호하는 경향이 있다.

❷ 양손으로 허리를 잡고 엉덩이에 힘을 주고 힙을 업시킨다.

❸ 허리를 곧게 편 상태에서 상체를 앞으로 숙인다. 그러면 자연스럽게 체중은 앞쪽으로 이동된다.

❹ 무릎을 굽혀서 오른발과 왼발의 체중을 균등하게 하고 앞뒤로는 발바닥 전체에 체중이 퍼질 수 있도록 한다.

- 체중이 왼발보다 오른발에 더 많이 실려 있으면 백스윙 때 오른쪽으로 스웨이가 되어 뒷땅을 칠 가능성이 높다.
- 체중이 오른발보다 왼발에 더 많이 실려 있으면 팔만으로 스윙을 해 상체가 들리거나 어깨가 밑으로 떨어져 몸통 스윙을 할 수 없다.

❺ 손은 밑으로 자연스럽게 내려놓는다.

- 손 위치는 왼쪽 대퇴부 앞에서 몸과 주먹 하나 정도의 간격을 유지한다.
- 양쪽 팔에 힘을 빼고 왼쪽 어깨에서 클럽 헤드까지 직선을 유지한다.

❻ 목은 척추 방향과 같이 곧게 세우고 눈은 아래로 내리깔아서 볼을 본다.

- 머리는 항상 일정한 위치의 공중에 떠 있는 느낌으로 스윙하되, 백스윙 시 약간 우측으로 움직이는 것은 자연스러운 스윙에 도움이 된다.

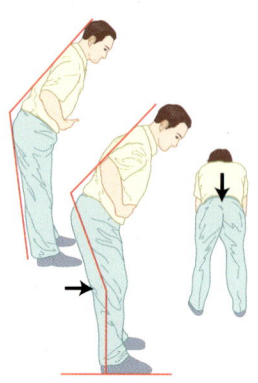

볼은 클럽 페이스 중앙에 위치시킨다.

- 볼 타구 지점을 조정하여 볼 방향과 스핀을 조절하는 것은 위험한 발상이다. 항상 클럽 페이스 정중앙에 볼을 정확하게 맞히는 연습을 하고 볼 방향과 구질의 변화는 스윙과 스탠스에 변화를 줘 조절한다.
- 볼을 놓는 위치에 따라 볼 탄도와 방향이 많이 달라진다. 초보 골퍼는 볼 위치를 정확하게 놓지 못해서 가장 많이 실수한다. 그 결과 원하지 않는 방향으로 날아가고 탑볼과 뒷땅이 발생한다.
- 양발 무릎, 손, 어깨 등 연장선이 목표선과 모두 수평이 되게 자세를 취한다.
- 드라이버 샷 시 이상적인 폭은 양발 안쪽이 어깨너비 정도이고, 7번 아이언은 양발의 바깥쪽 넓이 정도이다.
- 몸이 비대한 골퍼는 부드러운 몸통 회전을 위하여 발 폭을 줄이는 것이, 몸이 왜소하고 부드러운 골퍼는 발 폭을 좀 더 늘리는 것이 좋다. 좁은 발 폭이 스윙 템포를 향상시킨다.

테이크백 → 백스윙

테이크백이란 골프채 헤드가 지면(어드레스 상태)에서 출발하여 허리높이 정도까지 올라가 골프 클럽 샤프트가 지면과 평행상태가 될 때까지의 구간을 말한다.

백스윙

양쪽 어깨를 같이 회전하라!

- 테이크백은 백스윙의 시작인데 가장 중요한 사항은 양쪽 어깨를 동시에 오른쪽으로 돌리는 동작으로 백스윙을 시작하는 일이다. 왼쪽 어깨만 회전하면 우측으로 스웨이되어 뒷땅이나 탑핑의 원인으로 작용할 뿐만 아니라 정상적인 궤도가 만들어지지 않으므로 방향성이 좋지 않다.

어드레스 시의 양팔과 어깨가 이루고 있는 삼각형을 유지하라!

- 어드레스 시의 양팔과 어깨가 이루고 있는 삼각형 모양이 백스윙 시 그대로 유지되어야 한다. 이는 손 사용을 최소화하는 효과가 있어 큰 근육을 사용하게 함으로써 더 멀리 정교하게 보낼 수 있다.

손목을 사용하지 말고 왼쪽 팔꿈치로 시작하라!

- 테이크백 시 손목을 사용하지 않고 어깨와 팔과 손과 클럽이 일체감 있게 동시에 움직인다면 클럽 헤드가 낮고 긴 이상적인 백스윙이 완성된다.

오른쪽 무릎 각도를 유지하라!

- 백스윙 시 오른발을 견고하게 지탱해야 한다는 이야기를 많이 한다. 어떻게 하는 것이 견고하게 지탱하는 것일까? 오른쪽 발바닥 안쪽 방향(엄지부터 뒤꿈치 안쪽)으로 힘을 주고 백스윙 시 오른쪽 무릎 각도를 어드레스 때와 같이 유지하는 것이다.

> **Tip**
> 백스윙 시 오른발의 무릎 각도를 유지하면 백스윙 시 일어나는 습관을 고칠 수 있다.

테이크백 시작은 최대한 부드럽고 천천히

- 백스윙 속도가 빠르다면 그것은 몸통과 어깨가 아닌 손 중심으로 백스윙을 하는 것이다. 몸통 회전속도와 같이 천천히 부드럽게 백스윙을 해야 된다.

>
> 백스윙 속도는 부드럽게 하되 너무 느리지 않게 해야 된다. 백스윙 속도가 너무 느리면 다운스윙 시작 시 허리 꼬임을 느낄 수 없으므로 거리가 줄고 스윙 템포를 유지하기 어렵다. 스윙 밸런스를 유지할 수 있는 속도로 부드럽게 하는 자신만의 백스윙 템포를 찾는 것이 중요하다.

어디부터 어디까지가 테이크백 구간이지?

테이크백은 골프채 헤드가 지면(어드레스 상태)에서 출발하여 허리 높이 정도까지 올라가 골프 클럽 샤프트가 지면과 평행상태가 될 때까지의 구간을 말하는 거야.

탑(골프 클럽이 가장 위에 있을 때)

- 오른쪽 팔꿈치가 지면을 향해야 한다.
- 탑에서 왼손 엄지손가락으로 지탱하여 과도한 백스윙이 되지 않도록 한다.
- 탑에 도달하기 직전까지 어깨를 최대한 비틀어 줌으로써 허리 꼬임을 최대화해 큰 근육에 의한 스윙을 만들어야 한다.
- 백스윙 탑에서 가슴은 목표의 정반대 쪽을 향해야 한다.

톱 오브 스윙

백스윙 때 골반이 회전하지 않고 오른쪽으로 밀리기 때문에 공을 정확하게 칠 수 없다. 골반을 우측으로 밀지 말고 제자리에서 좌우로 돌리는 회선운동을 하라!

백스윙을 하는 동안 상체가 공 바로 위에 머물도록 해야 한다.

다운스윙(탑에서 내려와 공을 치기 전까지의 구간을 말한다)

백스윙은 어깨로 시작하고, 다운스윙은 오른발 안쪽으로 시작한다.

- 다운스윙을 상체로 하면 스윙궤도가 작아지고 체중 이동이 어려워 비거리와 정확성 모두를 잃는다. 다운스윙은 백스윙 탑 자세를 그대로 유지하면서 자연스럽게 오른발 다리 안쪽부터 시작해야 된다.

상체 앞에 벽이 있다는 느낌으로 스윙하라!

- 하체는 다운스윙을 리드해서 타킷 방향으로 움직여도 상체는 그 자리에서 좌우 움직임 없이 회전해야 한다.

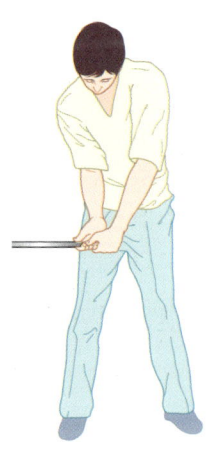

다운스윙

다운스윙 때는 머리를 절대 왼쪽으로 움직이지 마라.

- 다운스윙은 백스윙 탑에서 머리 위치(오른발 위)를 그대로 유지하면서 해야 한다.
- 머리를 잡아 두는 방법은 임팩트 이후 클럽 헤드가 어깨를 지나갈 때까지 공이 있던 자리를 응시하는 것이다.

왼발을 땅속에 박아 넣는다는 느낌으로 다운스윙하라!

- 왼발이 왼쪽으로 밀리면 임팩트가 정확히 이루어지지 않아 미스 샷의 원인이 된다.

임팩트(클럽 페이스가 공을 타격하는 순간을 말한다)

임팩트 순간에 왼발로 지면을 강하게 누른다.

- 왼발을 땅속에 박아 넣는다는 느낌(무릎 각도는 유지)으로 다운스윙을 시작하고 임팩트 이후까지 발이 지면을 누르고 있으면 몸이 너무 빨리 열리는 것을 막을 수 있다.

임팩트 시 일어나는 스윙을 하는 골퍼들은 임팩트 시 왼발 무릎 각도를 어드레스 때와 같이 유지하는 연습을 하면 쉽게 고칠 수 있다.

임팩트

왼쪽 귀로 스윙 소리를 들어야 한다.

- 스윙은 스윙 탑에서 점점 가속이 붙어서 임팩트 시에 최고 속도를 내는 원리로 진행하는데, 그러면 자연스럽게 타구 이후에 윙 소리가 들린다.
- 임팩트 이후 팔로 스루까지 머리를 잡고 '윙' 소리를 좌측 귀로 들어야 한다.

뒷땅이나 탑볼을 치지 않으려면

- 뒷땅과 탑볼은 다운스윙 때 체중을 왼발 쪽으로 옮겨주지 못하거나 볼을 놓은

위치가 잘못되었을 경우 많이 발생한다.
- 클럽 길이에 따라 스윙 시 최저점의 위치가 다르므로 드라이버나 페어웨이 우드는 왼발 쪽, 아이언도 짧은 클럽일수록 발 폭의 중간에 놓고 스윙을 해야 한다.

볼 위의 글씨를 임팩트 순간까지 보고 있어라!
- 볼을 끝까지 주시하기 위한 가장 효과적인 방법은 볼 위의 글씨를 스윙 시작부터 임팩트 이후 1m 정도 진행될 때까지 주시한다.

팔로 스루와 피니시

- 팔로 스루는 골프 클럽이 임팩트 이후 피니시까지 구간, 임팩트는 팔로 스루의 끝 부분으로 모든 스윙을 마치고 정지한 상태를 말한다.
- 팔로 스루와 임팩트는 스윙이 잘되었는지를 확인하는 측도이다.
- 팔로 스루 시 목표지점을 향하여 양팔을 최대한 뻗어 준다.
- 피니시 동작에서 1~3초 정도 멈추는 습관이 좋다.
- 다운스윙 때 오른쪽 무릎을 왼쪽 무릎 쪽으로 밀어서 피니시 때에는 타깃을 향하게 해야 된다.
- 실제 스윙 전에 2~3번의 빈 스윙을 하면서 정확한 피니시 자세를 취하고, 실제 스윙 시 그 자세를 그대로 재현한다고 생각하면 골프 실력 향상에 많은 도움이 된다.

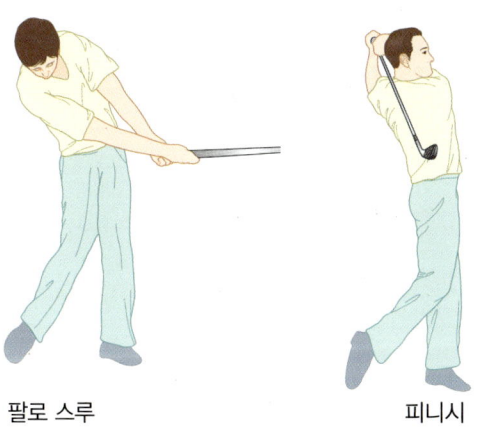

팔로 스루　　　　　　　　　피니시

일정한 루틴을 가지고 샷을 하라!

좋은 샷을 하기 위해서는 샷 준비에서부터 피니시까지 자신만의 루틴을 만들어 부정적인 생각을 버리고 그 동작만 순차적으로 연습해 자신 있는 샷을 하도록 한다.

이상적인 루틴의 예

① 볼을 보낼 목표지점을 확인한다.
② 티를 꽂고 볼을 올려놓는다.
③ 볼에서 2~3걸음 뒤에서 목표지점과 일직선 상태를 유지하고, 위험물 등을 식별한다.
④ 연습 스윙을 2~3회 실시하여 거리대비 백스윙 사이즈, 템포 등을 점검한다.
⑤ 볼과 목표를 확인하고, 목표와 일직선상에, 볼과 30~100cm 지점에 임의의 가상목표물을 정한다.
⑥ 클럽 페이스가 가상목표와 직각이 되도록 볼 뒤에 놓고 볼이 날아갈 방향과 스탠스/무릎/가슴을 평행하게 어드레스한다.
⑦ 왜글을 1~2회 하면서 고개를 천천히 돌려 목표를 확인한다.
⑧ 부정적인 생각을 버리고, 일정한 템포로 스윙한다.

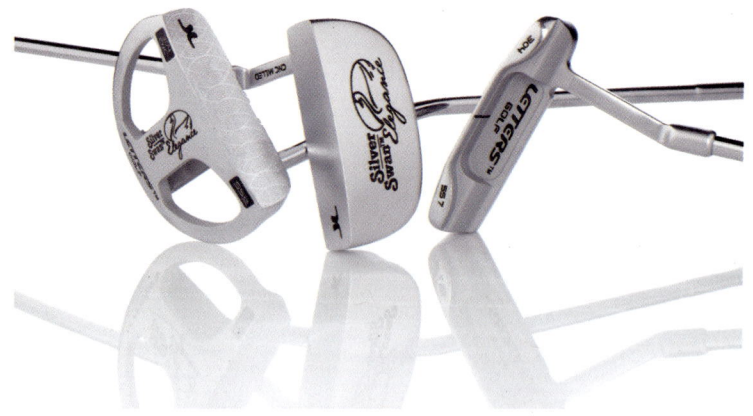

골프는 확률이고 통계다

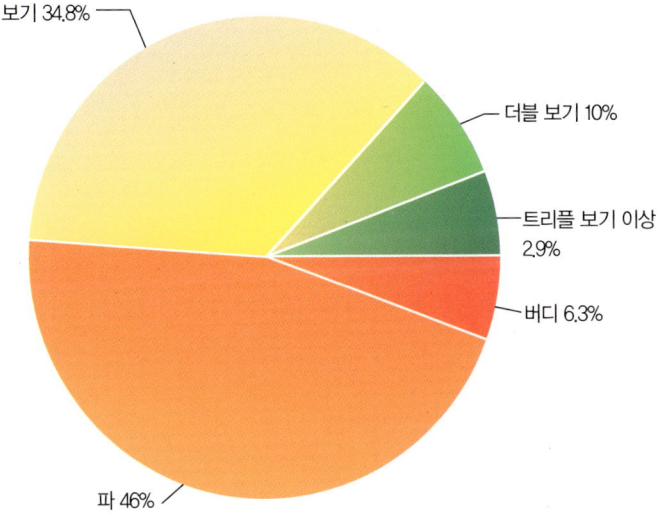

싱글 플레이어 Performance

거리 욕심을 버려라!

- 드라이버 10m 더 멀리 보내는 것보다 오비 없는 안전한 플레이가 좋은 스코어를 보장한다.
- 110% 스윙으로 어프로치 거리를 남기려고 생각하는 순간, 몸에 힘이 들어가 정확한 스팟존에 공을 맞힐 수가 없는 오비를 유발한다.
- 90%에서 80% 스윙을 하여 정확한 스팟존에 맞추는 것이 확률적으로 100% 이상 스윙하는 것보다 더 멀리 안전하게 보낼 수 있다.

티샷한 공이 떨어진 위치에 해저드, 벙커, 좁은 페어웨이 등 위험물이 있으면 우드 또는 아이언으로 변경하여 안전한 플레이를 하라!

- 티샷한 공이 떨어진 위치에 위험물이 있으면 몸이 저절로 반응하여 움츠러들고, 그 결과 정상적인 스윙을 하지 못하고 비정상적인 샷을 할 가능성이 높다.
- 위험물이 없는 지점에 IP를 지정하고, 그에 맞는 클럽을 선택하고, 편안한 공략방법을 선택하는 것이 스코어를 줄이는 좋은 방법이다.
- 어프로치 시 홀컵 주변 경사가 심하면 홀컵을 바로 노리지 말고 안전하게 오르막 퍼팅을 할 수 있는 자리를 노려라!
- 그린의 경사가 심한 70~80m 어프로치 샷 시에 마스터들도 핀을 바로 겨냥한 샷을 했다가 실패해 심한 옆라이 경사에서 다시 퍼팅을 하게 되어 3퍼팅으로 파세이브를 하지 못하는 경우가 종종 발생한다.

> **Tip**
> 경사가 10% 내외이면 1~2m 떨어진 지대가 낮은 쪽을 겨냥하고, 경사가 20~30% 내외이면 2~3m 떨어진 쪽으로 겨냥하고, 만약 40% 이상의 경사라면 4m 이상 떨어진 지점으로 최대한 안전하게 공략을 하라! 만약 그린을 벗어나도 심한 오르막 라이는 짧은 어프로치 샷으로 안전하게 파세이브하는 것이 좋은 전략이다.

드롭에 대한 기준

워터 해저드, 저수지에 들어가는 등 규정상 드롭을 해야 하는 경우가 많이 발생한다.

드롭 유형

1벌타 드롭

- 워터 해저드에 들어갔을 때
- "언플에이어블" 선언 시

무벌타 드롭

- 카트 도로, 다른 그린 등에 들어갔을 때
- 수리지, 캐주얼 워터 해저드에 들어갔을 때
- 배수구 등 움직일 수 없는 인공장애물에 들어갔을 때

드롭 방법

❶ 벌타를 받으면 2클럽 내, 무벌타는 현재 위치에서 1클럽 내에 티를 꽂아 표시한다.

❷ 지면과 평행하도록 어깨를 쭉 편 상태에서 드롭한다.

❸ 드롭된 볼이 아래 "재드롭"에 해당되면 다시 드롭한다.

❹ 재드롭한 볼이 잘못될 경우, 다시 드롭하지 않고 볼이 떨어진 지점을 찾아 볼을 플레이스한다.

2

스크린골프
정복하기

스크린골프
기본

시스템 설명

리얼

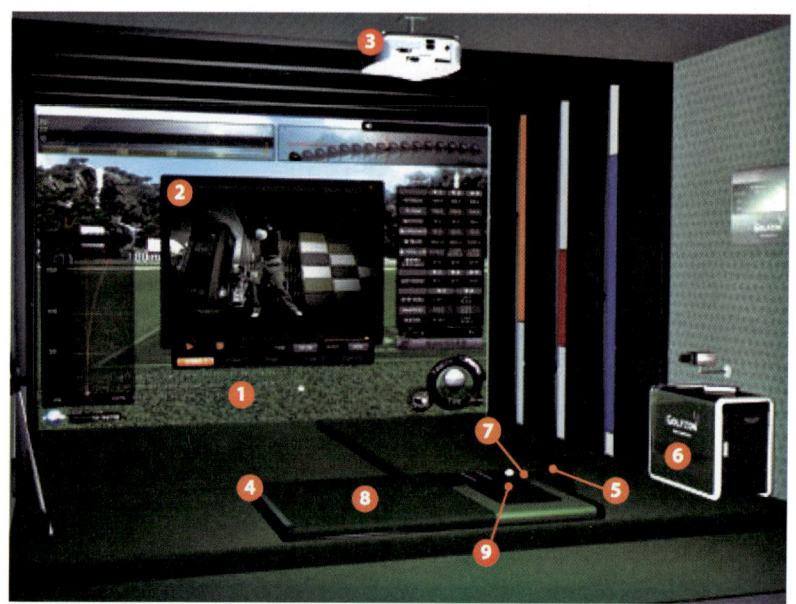

❶ 스크린(Screen)

프로젝터에서 투사된 화면이 비추어지는 면으로, 3D 효과를 통해 입체적인 지형감과 거리감을 느낄 수 있다.

❷ 나스모(모션 리플레이어)

스윙 분석 카메라가 자동으로 스윙을 녹화하며, 본인의 스윙 자세와 타인의 스윙 자세를 비교할 수 있다. 또한 스윙 모습을 업로드하여 다른 사람과 공유할 수도 있다.

❸ LCD 프로젝터

PC 콘솔로부터 받은 영상을 스크린으로 송출하는 단자이다.

❹ 스윙 플레이트(Swing Plate)

플레이어가 스윙하는 곳으로, 센서와 잔디 매트가 있으며, 볼이 놓인 경사에 따라 스윙 플레이트가 움직인다.

❺ 센싱 시스템(Sensing system)

골프공의 탄도, 속도, 방향, 회전 등을 가장 정밀하고 정확하게 측정하는 시스템이다.

❻ PC 콘솔

Windows XP 프로그램의 PC

❼ 캐디기

원터치 볼 공급으로 시스템 사용자에게 편의성을 제공한다.

❽ 잔디 매트

공을 올려놓는 인공 잔디 매트이다.

❾ 고무티

우드샷을 하기 위해 고무로 만든 티이며 높이 조절이 가능하다.

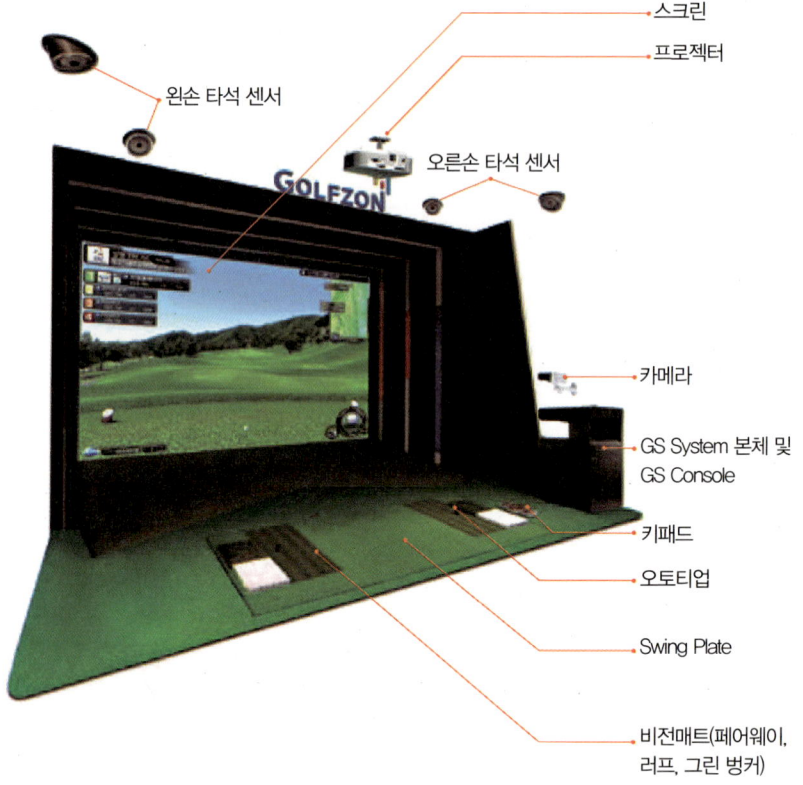

비전

❶ 센서(Vision Sensor)

고속 카메라 센서를 채택하여 클럽 궤적, 볼의 움직임을 측정하여 드로우, 페이드 등 볼의 구질을 구현. 로브샷, 러닝 어프로치 등 다양한 어프로치 샷이 가능함.

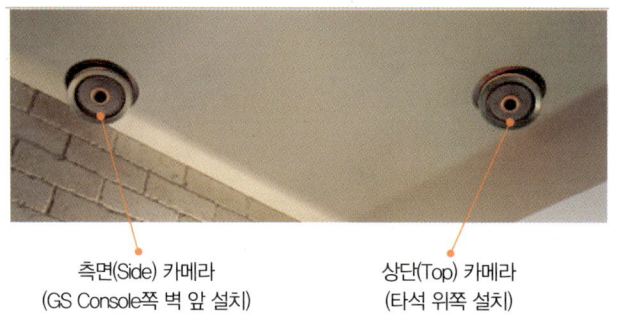

측면(Side) 카메라
(GS Console쪽 벽 앞 설치)

상단(Top) 카메라
(타석 위쪽 설치)

아래 타석에서 본 모습

❷ 스윙 플레이트

페어웨이 매트/러프 매트/그린 벙커 매트 적용으로 실제 필드환경과 유사한 환경 구현.

❸ 투어 매트

러프, 그린, 벙커의 상황에 맞게 연습할 수 있게 함.

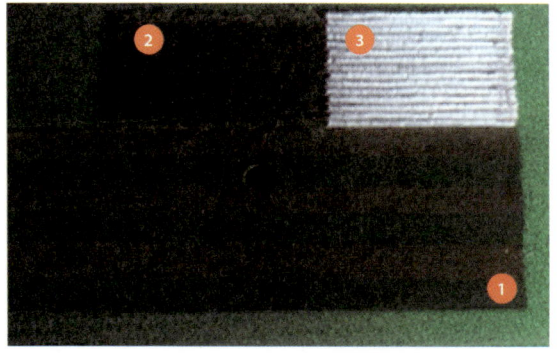

53

① 페어웨이 매트　　② 러프 매트　　③ 그린 벙커 매트

❹ 키패드 리모컨

원터치로 볼 공급, 들러보기 등 여러 기능을 구현하여 시스템 사용의 편의성 증대.

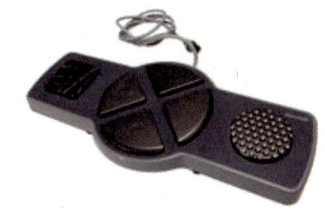

화면 설명

① 홀에 대한 간략한 정보

② 플레이어별 정보

• 플레이어 이름, 남은 거리, 스코어, 현재 홀에서의 타수

③ 미니맵 홀을 위에서 본 모습

• 볼과 목표지점까지의 거리정보, 목표지점과 홀컵까지의 거리정보, 바람의 세기와 방향

④ 티 위치 및 높이 설정

리얼) 35m 티는 레이디 전용으로 40m, 45m 티에 비하여 탄도가 2도 정도 높게 나옴.
비전) 티 높이와 탄도는 별다른 상관 관계없고 실제 탄도를 읽어 줌.

❺ 메뉴 버튼

❻ 추천 클럽 안내 이미지

❼ 볼이 놓인 곳의 지면 정보

> **Tip**
> 러프는 10%, 페어웨이 벙커는 20%, 그린 벙커는 40% 감속되므로 경계에 공이 떨어지면 잘 확인할 필요가 있음.
> – 마스터들도 페어웨이 벙커를 그린 벙커로 착각하고 샷을 했다가 공이 그린을 지나 오비를 내는 실수도 가끔 있고, 반대로 그린 벙커를 페어웨이 벙커로 착각해 프린지까지도 못 미치는 경우도 있다.

❽ 누적 홀인원 금액 표시

❾ 남은 멀리건 횟수 표시

❿ 홀 컵의 위치 표시

단축키 3

단축키	기능	기능 설명
F2	둘러보기	현재 위치에서 홀까지 움직이면서 지형을 보여 준다.
F5	다음 홀로 이동	현재의 홀에서 다음 홀로 이동할 때 사용한다.
F6	지형 형태 보기	현재 공이 있는 지형을 그리드(Grid)로 보여 준다.
F7	통계 기록 보기	진행 중인 경기의 스코어 및 통계 기록을 보여 준다.
F8	나스모 보기	스윙 후 화면에 모션 리플레이가 보이면서 내 스윙 모습을 확인한다.
F9	실시간 순위	골프존 라이브 대회를 할 때 실시간으로 경쟁자들과 상대 순위가 표시된다.
F11	플레이어 추가 삭제	라운드 중 동반자를 추가하거나 삭제할 수 있다.
F12	멀리건 사용하기	샷이 마음에 들지 않았을 때, 가장 최근의 샷을 취소할 수 있다.
Space	목표 보기	공을 보내야 하는 목표지점의 방향을 보여 준다.
ESC	게임 종료	경기를 종료할 때 사용한다.
C	골프존 서비스	결제된 골프존 라이브 이용요금을 확인할 수 있다.
D	벌타 드롭	1벌타를 받고 드롭한 후 다음 샷을 진행할 수 있다.
K	OK 주기	동반자의 공이 홀에 들어가지 않아도 홀아웃 시켜줄 수 있다.
L	시선 낮춰 살펴보기	현재 위치에서 눈높이를 낮췄다가 원위치로 오면서 지형의 모습을 보여 준다.
M	게임 돌아가기	메뉴 선택 후 다시 라운드를 하려고 할 때 사용한다.
O	옵션	다양한 옵션 메뉴를 선택할 수 있다.
P	플레이어 순서 넘기기	동반자가 먼저 샷을 할 수 있도록 플레이 순서를 바꿀 수 있다.
S	왼손, 오른손 타석 선택	왼손잡이, 오른손잡이에 맞도록 타석 센서를 선택할 수 있다.
V	시선 조정	공을 보는 시선에 맞춰 화면을 왼쪽, 오른쪽으로 옮길 수 있다.

단축키만 알아도 3~4타는 줄일 수 있다(D, F2).

- 정말 불가능한 지역에 내 공이 있는 경우 "D(1벌타 드롭 기능키)"를 모르면 재차 오비를 낼 가능성이 있어 한 홀에서 많은 점수를 잃어버릴 수도 있다.
- 처음 접하는 골프장의 경우 "F2(홀 전경 둘러보기)" 기능을 이용하여 좌우측 범면(경사지)상태와 위험요소 등을 식별해 안전한 지역으로 티샷을 한다.

단축키만 알아도 매너가 좋은 사람이라는 이야기를 듣는다(K, F12).

- "K(OK 주기 기능키)", "F12(멀리건 사용하기 기능)"를 적절한 때 사용하면 상대에게 좋은 이미지를 심어준다. 실제 필드가 아닌 스크린골프장에서 비즈니스하는 사람이 알아야 하는 필수 기능키!

골프존 미니맵 보기

마스터들은 경기 중 항상 미니맵을 주시하고 이용하여 위험물을 피하고, 미니맵으로 바람을 감안해 좌우 방향을 조정하는데 익숙하다.
당신이 미니맵을 보는데 익숙해져 있으면 마스터가 될 준비가 되었다는 것이다!!

미니맵은 미들 홀/롱 홀에서 티샷 시 홀 전체를 보여 준다.

- 티샷 시 홀 전체 모습과 내 공이 떨어지는 위치(IP)를 보여 주니, 방향키로 IP를 움직여 벙커, 해저드 등 위험물을 피해 티샷할 수 있다.

미들 홀, 롱 홀에서는 2샷/3샷, 쇼트 홀에서는 티샷 시 그린 상태를 보여 준다.

- 그린공략 시 그린의 굴곡상태를 색상으로 나타내기 때문에 전략적 어프로치가 가능하다.

미니맵은 미들 홀/롱 홀에서 티샷 시 홀 전체를 보여 준다.

미니맵을 보며 방향키로 IP를 움직여 벙커, 해저드 등 위험물을 피해 티샷 할 수 있다.

지형 및 날씨에 따른 기본거리 계산법 5

공이 페어웨이에 있지 않으면 비거리가 준다.

구분	티샷/페어웨이		러프	페어웨이 벙커	그린 벙커
비거리	Front Tee	FairWay	Rough	Bunker	Bunker

날씨에 따라 거리가 변한다.

구분	뜨는 정도	앞으로 나아가는 정도	바운드 정도	구르는 거리
맑은 날	100%	100%	100%	100%
비 오는 날	90%	90%	70%	80%

나만의 환경을 만들자
(클럽별 비거리, 티 높이 등 설정)

클럽별 비거리, 티 높이 설정

골프존 홈페이지 상단의 "나의 기록실"/"스크린 설정"에 들어가서 나의 클럽별 비거리, 티 높이 등을 설정할 수 있다.

- 나의 클럽별 비거리를 잘 설정하면 샷을 할 때마다 시스템에서 클럽을 자동으로 선택하여 주기 때문에 실제 필드경기에서 참고가 될 수 있다.

- 티 높이에 따라 탄도가 다르게 구현되기 때문에 나에게 맞는 티 높이 설정은 필수이다.

드라이버 비거리 설정: 반드시 본인의 비거리로 설정변경 필요
- 골프존은 200m를 기본 비거리로 설정되어 있으므로, 본인의 드라이버 비거리가 250m 정도라면 다소 불편하더라도 page-up/down, 좌/우 방향키로 내 공을 보낼 지점(IP 포인터)을 정렬해야 한다.
- 플레이에 시간이 더 많이 소요되고 실수의 원인으로 작용할 수 있다.

우드 비거리 설정: 3번 우드 비거리를 드라이버보다 10~20m 정도 적게 설정 필요
- 롱 홀 등에서 2샷 거리가 설정되어 있는 3번 우드 거리보다 많으면 그린맵이 보이지 않으므로 불편할 수 있다.

나머지 클럽: 필드에서 참고가 될 수 있으므로 가급적으로 입력하는 것이 좋음

연습장(드라이빙 레인지) 활용을 생활화하자!

실력 향상에 두 게임을 한 번에 하는 것과 한 시간 연습에 한 게임을 하는 것 중 어떤 것이 더 도움이 될까? 당연히 한 시간 연습에 한 게임을 하는 것이 더 도움이 된다.

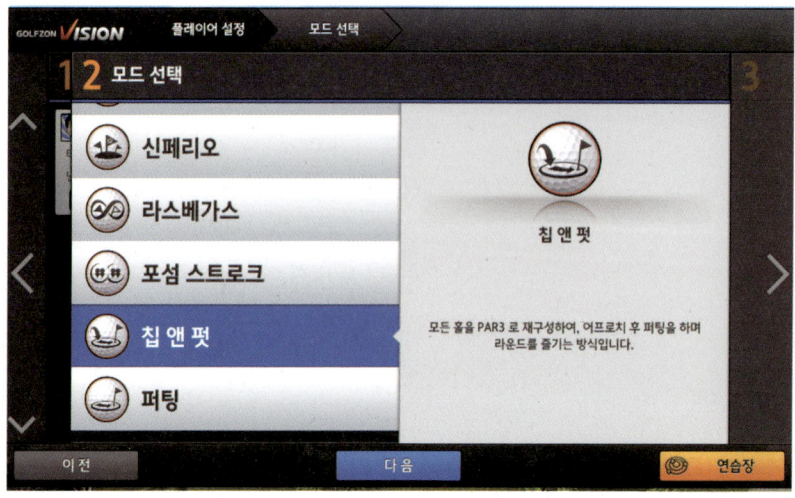

클럽별 비거리는 로그인을 한 상태로 연습장(드라이빙 레인지)에서 간편하게 측정하고 저장하여 자기의 클럽별 비거리 설정에 자동으로 반영된다.

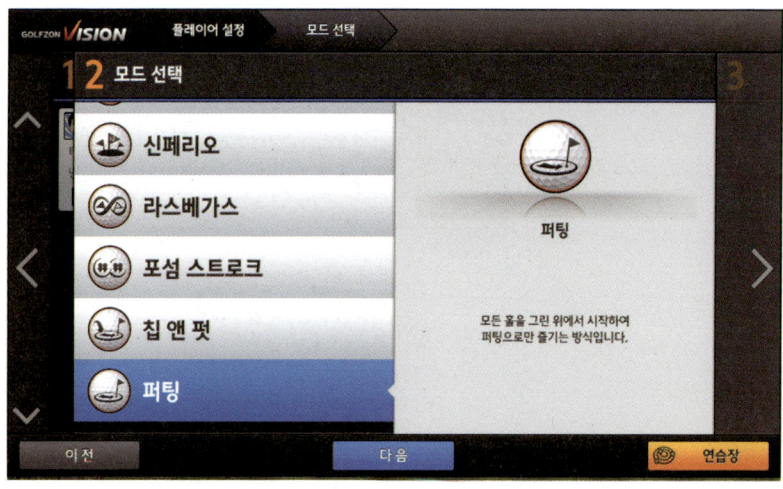

"연습장(드라이빙 레인지)"에서 "클럽별 비거리 측정"화면이다(로그인 시 사용가능).

- 클럽별로 10번씩 샷을 하면 평균 비거리가 자동 산출되고, 원할 경우 골프존 페이지의 나의 클럽별 비거리 설정과 연계되어 자동 저장된다.

65

3

스크린골프
정복하기

스크린골프 고수되기

드라이버 장타요령

이상적인 탄도 만들기

> **Tip**
> 이상적인 드라이버 샷 탄도는 8도~9도 정도

- 전국대회(GLT/LGLT) 시합 환경은 항상 바람을 강하게 설정한다(5~8m/sec).
- 강한 바람을 이기고 직진성과 거리를 유지할 수 있는 탄도로 8도에서 9도 정도를 추천한다.
- 맞바람일 경우 7도 정도인 낮은 탄도로 샷을 구사하는 것이 방향성과 거리적인 측면에서 유리하다.
- 뒤바람일 경우는 10도 정도로 높은 탄도를 구사하면 바람에 공을 실어 좀 더 멀리 보낼 수 있다(하지만 실수를 줄이기 위해 바람에 상관없이 일정한 탄도와 스피드를 유지하는 것도 좋은 방법이다).

일정한 자기만의 구질을 가지는 것이 중요하다.

- 정기적인 연습을 통하여 확인한 결과 나의 구질은 2.5도 열려서 나가는 페이드 구질이라고 하면 티샷 시 2~3칸 정도 IP 포인터를 좌측으로 옮겨 샷을 하면 된다.
  - ▶ 하지만 모든 샷은 스트레이트 구질을 기본으로 연습하고, 그 결과로 구질을 파악하는 것이 중요하다. 의도적으로 페이드로 연습하면 페이드가 점점 심해져 악성 슬라이스로 구질이 변할 수도 있다는 점은 유의하라.

80% 힘으로 스윙하라!

- 초보자는 필드에서 오비를 많이 내는데 이는 본인이 낼 수 있는 스피드에 110%로 스윙하기 때문이다. 매일 연습하는 필드 프로도 100% 스윙만 해도 미스 샷이 나온다고 한다.
- 드라이버 오비 한 번이 그날의 스코어 전체를 좌우하는 경우가 많다.
- 실제 필드에서도 마찬가지이지만, 스크린에서도 80% 스윙과 100% 스윙의 비거리 차이는 5m 정도이고, 심지어는 80% 스윙한 샷이 거리가 더 멀리 나가는 경우가 많다. 이는 임팩트 존에 정확하게 맞을 확률이 높다는 이야기다.

앞 센서를 이해하라(리얼)!

드라이버 헤드가 앞 센서 통과 시까지 페이스를 ❶ 타깃 방향 유지하고 ❷ 스피드를 유지한다.

❶ 타깃 방향 유지의 의미

- 바닥 앞 센서를 중심으로 공의 방향과 드라이버 헤드 면의 각도를 읽으므로 공이 일직선으로 센서를 지나가도 헤드가 열리거나 닫히면 슬라이스나 훅으로 구질이 구현된다.

❷ 스피드 유지의 의미

- 바닥 앞 센서가 공과 드라이버 헤드의 스피드를 같이 읽어 공 스피드가 다소 느릴지라도 헤드 스피드가 빠르면 볼 스피드에 플러스되어 스피드가 구현된다(헤드가 앞 센서를 지나갈 때 낮고 빠르게 지나가야 장타가 가능).

바닥 앞 센서

아이언 연습법

모든 클럽의 스윙 템포(손의 스피드)는 동일하게

피칭 웨지라고 느리게 스윙하고 3번 아이언 같은 롱 아이언이라고 더 빠르게 스윙하는 것은 아니다.

- 모든 클럽을 동일한 템포(손의 스피드)로 스윙을 해도 채마다 샤프트의 길이가 다르기 때문에 클럽별 헤드의 스피드는 차이가 나고, 로프트 각도가 다르기 때문에 각기 다른 탄도로 공이 날아가서 쇼트 아이언은 짧은 거리를 롱 아이언은 먼 거리를 보낼 수 있다.

먼 거리는 그 거리에 맞는 좀 더 긴 채를 선택하면 되지 스윙 스피드를 빨리하여 멀리 보내려고 하는 것은 미스 샷의 대표적 원인이다.

시계추는 스윙 사이즈와 상관없이 1초에 한 번씩 왕복한다.

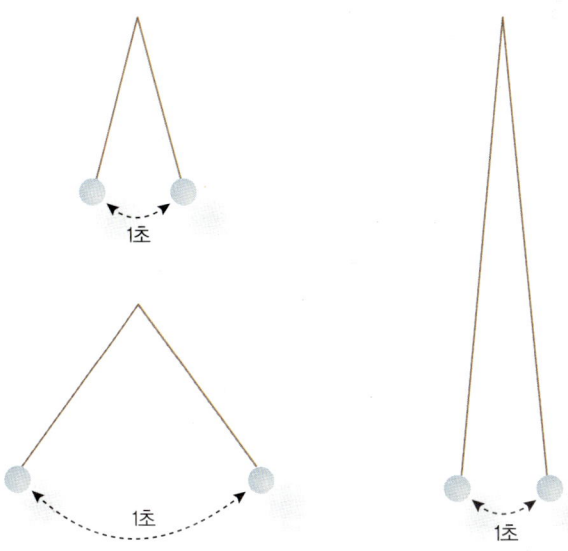

골프 클럽도 마찬가지다.

드라이버 스윙
1.4초

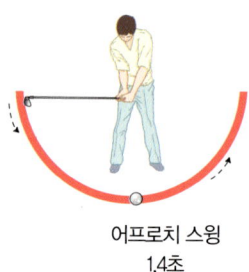
어프로치 스윙
1.4초

- 쇼트 아이언, 롱 아이언 같은 모든 드라이버가 스윙 시작에서부터 피니시까지 걸리는 시간(템포)은 동일하다.

샌드 30m 스윙
1.4초

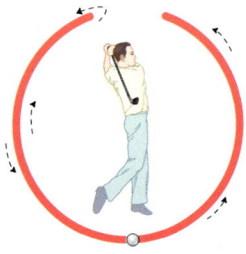
샌드 75m 스윙
1.4초

- 웨지로 30m 어프로치를 하는 것과 75m 풀스윙을 하는 것 모두 전체 스윙에 소요되는 시간(템포)은 동일하다.

내 클럽별 거리를 정확하게 알자!

클럽별 비거리표

(거리 단위: m)

클럽 \ 백스윙 사이즈	120도 머리(11시)	110도 얼굴(10시)	100도 목(9시30분)	90도 어깨(9시)
56	85 m	75 m	65 m	60 m
52	95 m	*90 m	85 m	
p	115 m	110 m	100 m	
9I	135 m	125 m	**120 m	
8I	145 m	135 m		
7I	165 m	155 m		
6I	180 m	170 m		
5I	185 m	175 m		
4I	195 m	185 m		
3W	205 m	195 m		
드라이버	245 m	230 m		

* 52도 웨지로 110도(그립을 잡고 있는 손이 얼굴 높이 정도까지) 스윙했을 때 90m를 보낼 수 있다.
** 9번 아이언으로 100도(그립을 잡고 있는 손이 목 높이 정도까지) 스윙했을 때 120m를 보낼 수 있다.

연습장 모드에서 부단한 연습을 통하여 모든 클럽에 대해 자기만의 거리를 정확하게 알고 있어야 한다.

- 모든 클럽의 방향성은 기본이다.
- 모든 클럽의 풀스윙 시 거리뿐만 아니라 백스윙 사이즈에 따른 거리도 정확하게 파악하고, 기록 및 기억해야만 전략적인 플레이가 가능하다.

탄도에 주시하라!

- 동일한 클럽으로 똑같은 스피드로 공을 칠지라도 공이 날아가는 탄도에 따라 거리 차이가 많다.

연습장 화면

"골프존 연습장(드라이빙 레인지)"으로 들어가서 샷 연습을 하면 모든 클럽의 비거리를 측정하고, 측정된 클럽별 비거리를 본인의 환경설정에 자동으로 등록할 수 있다.

보다 정교한 아이언 샷을 위하여 캐리와 런을 따로 고려해라!

구분	carry	run	sum
D	236	14	250
3I	200	10	210
4I	184	6	190
5I	175	5	180
6I	161	5	166
*7I	150	4	154
8I	130	4	134
9I	120	4	124
P	108	3	111
W	91	3	94
S	82	3	85

* 7번 아이언으로 풀스윙 시 carry로 150m 지점에 떨어져 4m 정도 런이 발생하므로 총 154m를 보낼 수 있다.

Carry로 떨어지는 지점의 지형에 따라 런 정도가 다르다.

> **Tip**
> 볼이 carry로 떨어지는 지점의 지형 종류(러프, 페어웨이, 그린 등)와 지형의 기울기에 따라 런의 정도가 많이 다르게 나타나므로 항상 떨어지는 지점의 지형에 관심을 가져라!

지형에 따른 런 발생 정도(평가기준)

구분	carry	페어웨이	러프	그린
D	236	14	8	
3I	200	10	7	18
*4I	184	6	4	14
5I	175	5	4	10
6I	161	5	4	8
7I	151	4	3	6
8I	130	4	3	5
9I	120	4	3	4
P	108	3	3	3
W	91	3	2	2
S	82	3	2	1

* 4번 아이언으로 풀스윙하면 carry로 184m, 페어웨이에 런이 6m 발생해 총 190m를 보낸다. 하지만 볼이 그린에 떨어진다면 14m 정도 런이 발생하므로 총 198m까지 보낼 수 있다.

- 피칭이나 9번 아이언의 경우 페어웨이에서 발생하는 런이나 그린에서 발생하는 런이 비슷하므로 총거리가 별다른 차이가 없다.

- 하지만 롱 아이언으로 갈수록 그린에서 런이 많이 발생하는 관계로 연습장에서와 같이 일반적인 총거리로 계산하고 샷을 하면 여지없이 홀컵을 지나 그린 끝까지 굴러갈 것이다.

바닥 기울기에 따른 런 발생 정도

공이 떨어지는 지점이 오르막인 경우
- 롱 아이언을 제외하고 미들 아이언, 쇼트 아이언, 어프로치가 비교적 런이 적게 발생한다.

공이 떨어지는 지점이 내리막일 경우
- 기울기에 따라 다르겠지만 대부분 런이 많이 발생한다.

샌드 60m 이상 풀스윙, 웨지(52도 정도) 70m 이상 풀스윙 샷은 어느 정도 내리막 경사 일지라도 공을 세울 수 있다.
- 공이 떨어지는 지점이 내리막이 심한 경우 드라이브로 풀 샷을 해서 30m를 남기는 것보다 롱 아이언이나 우드로 치고 60~80m 정도를 남기는 것이 내리막 경사면에 공을 세우기가 쉽다.

어프로치를 정교하게 5m 단위로 끊어서 연습하자!

구분	carry	run	sum
S	7	3	10
	11	4	15
	16	4	20
	21	4	25
	27	3	30
	32	3	35
	37	3	40
	43	2	45
	47	2	50
	53	2	55
	58	2	60
	64	1	65
	69	1	70
	74	1	75
	79	1	80
	82	1	85
W	88	2	90
	93	2	95
P	95	5	100
	100	5	105
	106	4	110
	113	3	115

79

PGA 프로도 하루 연습 중 가장 많은 시간을 투자하여 연습하는 종목이 어프로치다.

- 일류 프로도 하루에 어프로치만 2,000개씩 한다고 한다. 그만큼 프로도 어프로치에서 실수를 많이 하고, 그래서 평소에 감각을 잃지 않기 위하여 늘 꾸준히 연습한다.

- 롱 홀에서 아무리 안전하게 끊어 갔다고 해도 3샷은 대부분 어프로치 거리가 남는데, 이 어프로치를 붙이면 버디, 붙이지 못하면 파가 되기 쉽다.
미들 홀에서 2샷을 실수하여 35m 정도가 남았다. 어프로치를 붙이면 파세이브를 할 수 있고, 붙이지 못하면 보기가 된다.

5m씩 어떻게 끊어서 치죠? 백스윙 사이즈 30분 단위는 너무 어려워요!!

그만큼 어프로치는 골프 플레이에서 가장 중요한 부분 중 하나이고 어프로치가 잘 되는 날은 스코어 또한 좋다.
- 기본적으로 백스윙 사이즈로 거리를 조정하여 5m 단위로 끊어서 거리 연습을 한다.
- 60m 56도인 샌드로 90도 스윙을 하면 된다.
- 65m는 56도로 9시 30분 방향까지 틀어서 백스윙 사이즈로 거리를 조절하는 방법도 있지만, 30분 단위로 백스윙 사이즈를 맞추는 것은 너무 어렵다. 그래서 60m와 같이 90도만 백스윙을 하고, 팔로 스루만 2시간 정도 더 크게 해 주면 5m 정도는 더 길게 나간다.

어프로치 샷에서 센서의 이해 (리얼 기준)

전면의 입상 센서를 이해하자!

분명히 50도 정도로 띄워서 어프로치를 했는데 27도 정도로 공이 낮은 탄도로 구현되고, 그 결과 그린에 떨어져서 런이 많이 발생해 홀컵을 많이 지나쳤습니다. 왜 그렇죠?

→ 입상 센서가 읽을 수 있는 탄도 한계가 있는 것 같습니다(약 45도 정도로 추정).

45도 이상 탄도로 공이 날아가면 공을 읽지 못하고 웨지의 클럽 헤드를 공으로 인식해 헤드가 지나가는 탄도를 구현하는 것으로 추정됩니다. 그래서 마스터들은 리얼에서 56도 이상의 웨지는 잘 사용하지 않습니다.

 앞부분의 일자바닥 센서를 이용하자!

25~35m 평지 그린에 38도(발사각)로 띄워서 어프로치 샷을 했을 때 어떤 경우에는 런이 적게(0.5m 정도) 어떤 경우에는 런이 많이(5~6m) 발생하는데 왜 같은 탄도에서 런 발생 정도가 다르게 나타나죠?

→ 높은 탄도의 어프로치는 옆 센서에서 공의 탄도와 스피드를 읽어 carry 데이터를 구현하는데, 앞 센서에서는 클럽 헤드가 공 스피드보다 더 빠른 경우 런으로 보정하기 때문으로 추정합니다.

그래서 마스터들은 30m 어프로치 샷 시 좀 더 부드럽게 샷을 해서 클럽 헤드가 앞 센서를 지나갈 때 헤드의 스피드를 적당히 줄이는 연습을 많이 합니다.

바람 계산법 3

2012년부터 시작한 GTOUR뿐만 아니라 전국대회인 GLT, LGLT 등 전국대회의 기본 세팅이 바람은 강하게 설정된다. 작게는 4.5m/sec에서 크게는 9m/sec까지 강한 바람이 구현되는데 평소에 이런 환경에서 연습하지 않으면 전국대회에서 결코 좋은 성적을 기대할 수 없다. 마스터의 꿈이 있다면 하루빨리 바람에 적응하는 것이 최선의 길이다.

자기 탄도와 구질에 따라 바람의 영향을 많이 받을 수도 있고 적게 받을 수도 있다.

낮은 탄도의 구질을 구사한다면 맞바람과 옆바람에 영향을 적게 받지만, 뒤바람 시 바람에 실어 더 멀리 보낼 수는 없다.

바람의 영향(풀스윙 기준)

■ 모드(G투어, 프로, 아마 모드)별 특성

모드를 다양하게 해서 즐길 수 있다. G투어프로 모드는 G투어프로 시합 환경으로 활용되므로 바람의 영향도 많이 받고, 퍼팅이나 모든 클럽의 탈출각 편차에 대하여 예민하게 구현되어 프로모드에 비하여 난이도가 높다.

　반대로 아마추어 모드는 프로모드 대비 바람의 영향도 적게 받고 탈출각 편차에 대하여 약간은 적게 반응하므로 상대적으로 난이도가 낮다.

<모드별 특성>

구 분		G투어프로 모드	프로 모드	아마추어 모드
바람의 영향		프로모드 대비 160% 더 영향을 받음	100%	프로모드 대비 60%
민감도	퍼팅	3m이상 크게 퍼팅하면 홀컵을 뛰어넘음	4m "	5m "
	드라이버, 아이언	탈출각 편차가 프로모드 대비 1.6배 반영	1배	프로모드 대비 0.6배

■ 모드별 바람 계산법(G투어, 프로, 아마추어 모드)

드라이버(탄도 : 9도, 볼스피드 : 68 = 250m)

바람에 비교적 영향을 적게 받으면서 거리 또한 많이 나가는 이상적인 드라이버 샷 탄도는 9도 정도인데. 아래는 9도 드라이버 샷의 바람에 대한 영향도이다.

G투어프로 모드

6m(←), 7m(↑)	10m+σ(런 추가발생) 더나감 = 250m 이상			6m(→), 7m(↑)
	*↖	↑	↗	
10m(←)	←	6m/sec	**→	10m(→)
	↙	↓	↘	
7m(←), 13m(↓)	20m+σ(런 감소) 적게 나감 = 230m 이하			7m(→), 13m(↓)

* G투어프로 모드에서 ↖우에서 좌 대각선 방향으로 6m/sec속도로 바람이 불면 IP지점을 우로 6m정도 옮기고 샷을 하면 되고 바람에 의하여 볼이 7m 정도 더 많이 나가게 된다.
** G투어프로 모드에서 →좌에서 우로 6m/sec 속도로 바람이 불면 IP지점을 좌로 10m 정도 옮겨 샷을 하면 되고, 바람에 의한 거리증감은 없다.

프로 모드

4m(←), 4m(↑)	6m(↑)+σ(런 추가발생)			4m(→), 4m(↑)
	**↖	↑	↗	
6m(←)	←	6m/sec	**→	6m(→)
	↙	↓	↘	
4.5m(←), 8m(↓)	12m(↓)+σ(런 감소)			4.5m(←), 8m(↓)

* 프로 모드에서는 ↖우에서 좌 대각선 방향으로 6m/sec속도로 바람이 불면 IP지점을 우로 4m정도 옮기고 샷을 하면 되고 바람에 의하여 볼이 4m 정도 더 많이 나가게 된다.
** 프로 모드에서는 →좌에서 우로 6m/sec 속도로 바람이 불면 IP지점을 좌로 6m정도 옮겨 샷을 하면 되고, 바람에 의한 거리증감은 없다.

아마추어 모드

2m(←), 3m(↑)	3m(↑)+σ(런 추가발생)			2m(→), 3m(↑)
	**↖	↑	↗	
4m(←)	←	6m/sec	**→	4m(→)
	↙	↓	↘	
2.5m(←), 5m(↓)	8m(↓)+σ(런 감소)			2.5m(→), 5m(↓)

* 아마추어 모드에서는 ↖우에서 좌 대각선 방향으로 6m/sec속도로 바람이 불면 IP지점을 우로 2m정도만 옮기고 샷을 하면 되고 바람에 의하여 볼이 3m 정도 더 많이 나가게 된다.
** 아마추어 모드에서는 →좌에서 우로 6m/sec 속도로 바람이 불면 IP지점을 좌로 4m정도만 옮겨 샷을 하면 되고, 바람에 의한 거리증감은 없다.

7번 아이언(탄도 : 19도, 볼스피드 : 52=155m)

G투어프로 모드

4m(←), 4m(↑)	5m(↑)+σ(런 추가발생)			4m(→), 4m(↑)
	↖	↑	↗	
6m(←)	←	6m/sec	→	6m(→)
	↙	*↓	↘	
4.5m(←), 8m(↓)	10m(↓)+σ(런 감소)			4.5m(→), 8m(↓)

* ↓7번 아이언으로 풀스윙시 맞바람이 6m/sec속도로 불면 10m 정도 적게 나간다.

84

프로 모드

	2.5m(←), 2.5m(↑)		3m(↑)		2.5m(→), 2.5m(↑)
		↖	↑	↗	
	4.5m(←)	←	6m/sec	→	4.5m(→)
		↙	↓	↘	
	3m(←), 5m(↓)		6m(↓)		3m(→), 5m(↓)

아마추어 모드

	2m(←), 2m(↑)		2m(↑)		2m(→), 2m(↑)
		↖	↑	↗	
	2.5m(←)	←	6m/sec	→	2.5m(→)
		↙	↓	↘	
	2m(←), 3m(↓)		4m(↓)		2m(→), 3m(↓)

웨지(탄도 : 39도, 볼스피드 : 35 = 85m)

G투어프로 모드

	4m(←), 4m(↑)		5m(↑)		4m(→), 4m(↑)
		↖	↑	↗	
	7.5m(←)	←	6m/sec	→	7.5m(→)
		↙	↓	↘	
	5m(←), 8m(↓)		10m(↓)		5m(→), 8m(↓)

프로 모드

	2m(←), 2.5m(↑)		3m(↑)		2m(→), 2.5(↑)
		↖	↑	↗	
	4.5m(←)	←	6m/sec	→	4.5m(→)
		↙	↓	↘	
	3m(←), 5m(↓)		6m(↓)		3m(→), 5m(↓)

아마추어 모드

1.5(←), 1.5m(↑)		2m(↑)		1.5(←), 1.5m(↑)	
	↘	↑	↗		
3m(←)	←	6m/sec	→	3m(→)	
	↙	↓	↘		
2m(←), 3.5m(↓)		4m(↓)		2m(→), 3.5m(↓)	

오르막/내리막 경사에서 바람의 영향

바람의 영향은 공중에 공이 떠 있는 시간과 탄도에 비례한다.

오르막

- 오르막이 심할 경우 평지에 비해 공이 지면에서 가까이 날아가고, 비구 시간이 짧기 때문에 바람의 영향을 적게 받는다.

- 그림과 같이 7번 아이언으로 10m 오르막으로 풀스윙했을 경우 carry로 144m 지점에 볼이 떨어지지만, 만약 6m/sec 속도로 맞바람이 불면 6m 정도 적은 138m 정도 지점에 떨어진다.

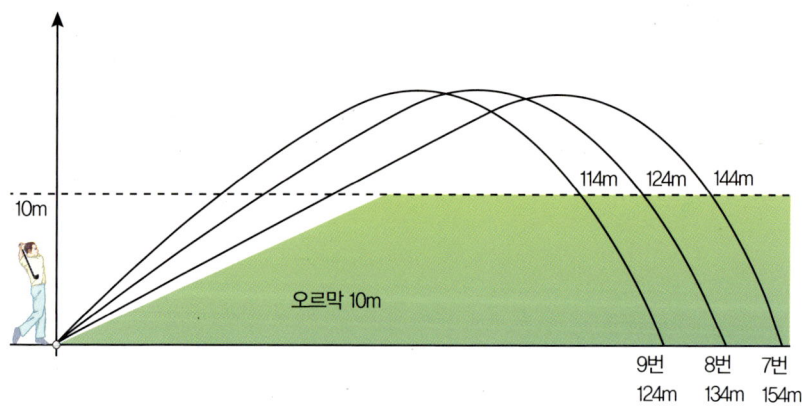

내리막

- 내리막이 심할 경우 평지에 비해 지면에서 더 높이 날아가고, 비구 시간이 길기 때문에 바람의 영향을 더 많이 받는다.
- 6m/sec 속도로 맞바람이 불면 평지에서는 12m 정도 적게 나가지만, 내리막에서는 약 16m 정도가 적게 나간다. 물론 탄도에 따라 가감될 수 있다.

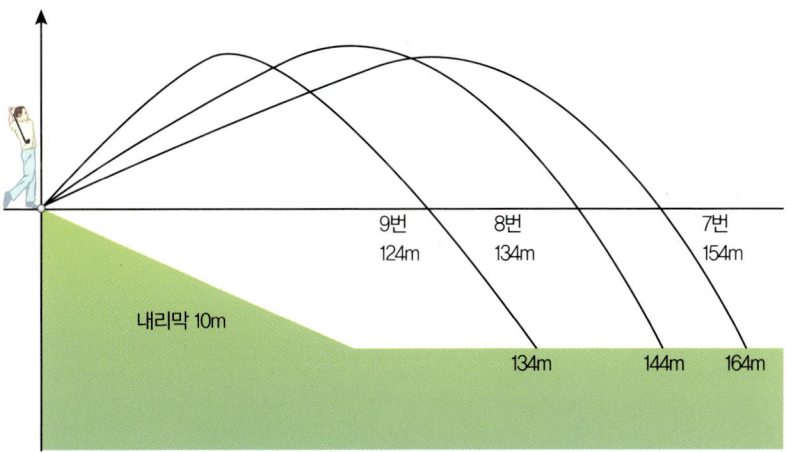

> Tip
>
> 내리막이 거리 대비 20% 이상으로 아주 심하면 고저의 반만 거리에 반영하면 됨. 내리막 파3홀은 바람을 감안해 볼 스피드로 거리를 확인하는 게 중요하다.

퍼팅 거리 연습법 4

똑바로 보내는 방법

시계추 운동을 생각하자!

- 손목을 가급적 사용하지 말고 퍼터 헤드의 무게를 느끼면서 시계추가 왼쪽으로 갔다가 중력에 의하여 오른쪽으로 가는, 그런 느낌과 템포로 스윙한다. 그 느낌과 템포를 잊어버리는 순간 손목이 움직이고 방향은 좌우로 흔들린다.

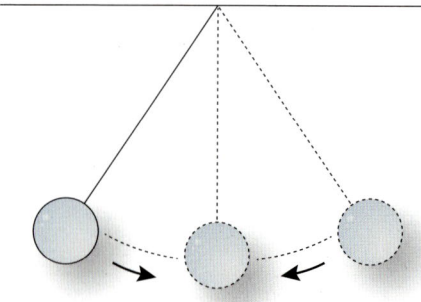

1 : 2 법칙을 생각하라!

- 퍼팅 그립과 타법은 프로마다 천차만별이지만 프로 대부분의 스윙을 유심히 관찰하면 백스윙 사이즈에 비해 팔로 스루 사이즈는 2배 정도가 된다.

- 나도 많은 시행착오 끝에 1 : 2 퍼팅 방식을 사용하고 있는데 홀컵 방향으로 조금 더 밀어주는 타법이다.

일직선으로 백스윙하는 것보다 일직선으로 팔로 스루하는 것이 더 중요하다!

- 많은 골프 교본에서 백스윙은 일직선으로 빼고 일직선으로 밀어주는 것이 중요하다고 나와 있어서 많은 골퍼가 백스윙은 일직선으로 잘 빼지만, 인체 구조상 똑바로 빼면 팔로 스루는 좌측으로 당겨지는 샷이 나올 가능성이 높다.
- 스크린골프를 즐기는 매니아 중에서도 일자 백스윙에 너무 비중을 둔 나머지 좌측으로 당기면서 페이스를 여는 퍼팅이 구현되어 기묘한 슬라이스 구질을 구사하는 사람이 의외로 많다.
- 결론은, 백스윙은 자연스럽게 하고 팔로 스루만 일직선으로 미는 형태의 퍼팅이 직진성에 더 좋다고 이야기할 수 있다. 그러면 백스윙은 어떻게 하는가? 장난 같은 이야기이지만 팔로 스루를 직선으로 해 주는 백스윙을 본인이 찾아야 한다. 아마 미세하게 몸 쪽으로 당기는 백스윙일 것이다.

홀컵에 공이 떨어지는 소리는 좌측 귀로 듣자(팔로 스루가 끝날 때까지 머리를 들지 말자. 들면 우측으로 밀림)!

- 퍼터 페이스가 임팩트 후 닫히지 않는다는 것을 대부분의 골퍼가 알기 때문에 임팩트 직전에 홀컵 쪽으로 시선을 보내거나 머리를 들면 인체 구조상 무조건 공은 오른쪽으로 밀린다(눈을 감고 페이스를 일직선으로 유지한다고 생각하고, 스윙을 하면서 머리를 들거나, 홀컵 쪽으로 시선을 공과 같이 돌리면 자동적으로 퍼터의 헤드가 열린다는 것을 느낄 수 있다).

거리를 정확하게 맞추는 방법

자기 발 폭을 기준으로 백스윙 사이즈를 확인하라!

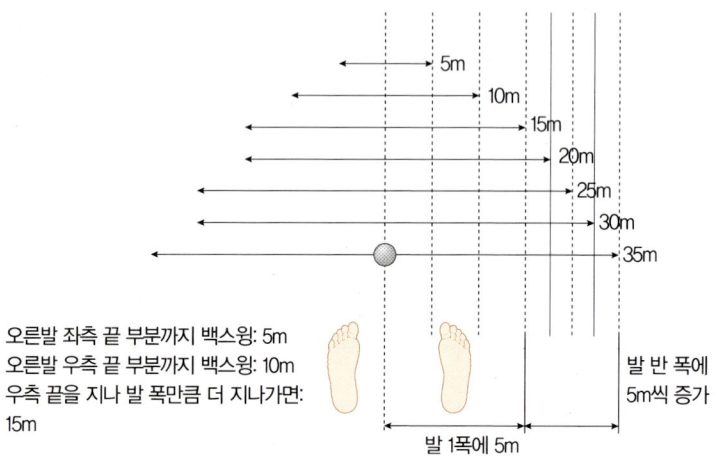

발 폭과 거리의 관계

- 오른발 좌측 끝 부분까지 백스윙: 5m
- "우측 끝": 10m
- 우측 끝을 지나 발 폭만큼 더 지나가면: 15m
- 20~30m: 발 폭 반에 5m씩 증가
- 30m 이상 퍼팅은 손목을 사용하여 임팩트를 주는 형태로 거리를 맞춤

5, 10, 15m 정도 기준 거리를 만들어 놓고, 그 사이 거리는 백스윙 사이즈 또는 팔로 스루 사이즈로 좀 더 섬세하게 조절한다.

- 5.5m 퍼팅은 5m 백스윙 사이즈와 같이하고 팔로 스루를 10cm 더하면 된다.
- 다른 거리도 마찬가지로 1m 또는 2m 단위로 연습하고, 그 사이 좀 더 섬세한 거리는 팔로 스루로 조절하는 형태로 연습하면 더 쉽다.

볼 스피드에 항상 시선을 두어라!

- 골프장에 따라 같은 그린이라도 미세하게 더 구르는 그린이 있고, 적게 구르는 그린이 있다. 내가 10m를 친다고 쳤지만 실제는 나도 모르게 조금 약하게 쳐서 9m를 친 경우도 있다. 이 경우 그린이 느린 것인지 아니면 내가 적게 친 것인지 모른다. 그때는 볼 스피드를 보면 무엇이 잘못된 것인지 알 수 있다.
- 볼 스피드를 보면서 연습하면 오르막이나 내리막에서 얼마만큼을 더 쳐야 하거나 적게 쳐야 하는지 자연스럽게 안다.
- 볼 스피드별로 라이를 더 보거나 적게 보는 것은 뒤에서 알아보기로 하자!

빠른 그린 기준 거리별 볼 스피드(N형, Real 기준)

run	3	4	5	6	7	8	9	10	11	12	13	14	15	16	17	18	19	20
speed	–	3	3.2	3.4	3.6	3.8	4	4.2	4.4	4.6	4.8	5	5.2	5.4	5.6	5.8	6	6.2

퍼팅!

시계추를 생각하자!

손목을 가급적 사용하지 말자!

헤드의 무게를 느끼면서

퍼팅 라이 계산법 5

옆라이 경사에서 포물선 운동을 이해하자!

- 일정한 옆라이 경사에서 20m 퍼팅을 할 경우 출발지점에서는 중력에 의해 옆으로 흐르려는 힘보다 공이 앞으로 가는 힘(볼의 무게 × 공의 속도)이 훨씬 크므로 옆라이 경사를 이기고 직선에 가깝게 앞으로 가지만,
- 점차 그린 바닥의 저항력에 의해 공 속도가 줄면 중력에 의해 옆라이로 흐르는 힘이 비율적으로 커져서 점차 많은 굴곡이 생긴다.

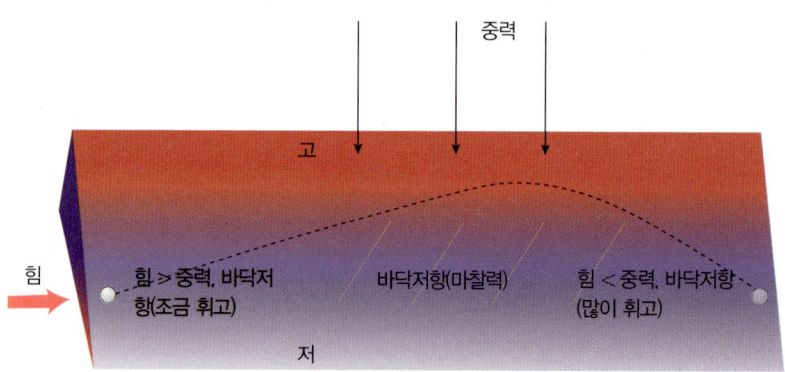

옆라이를 읽어 내기 위한 공식

- 옆라이 경사를 어느 정도 감안해서 쳐야 되는지는 필드에서 프로들의 영원한 숙제이다. 하지만 스크린에서는 필드보다 라이를 훨씬 간단하게 계산하는 법이 있다. 성인의 심장박동 속도 정도로 일정 횟수를 카운트 했을 때 기울기를 나타내는 점선이 얼마만큼 움직였나를 보는 방법이 그것이다.
  ▶ 라이 계산을 간편하게 하기 위하여 전제조건을 두 가지 정의하자!

공식 I

리얼

- 퍼팅 라인인 흰 선과 드라이버 라인 흰 선 끝 부분을 4칸으로 약속하자!
- 그러면 그 반은 2칸, 그것의 또 반은 1칸, 반대로도 마찬가지이다.

참고

골프공 규격

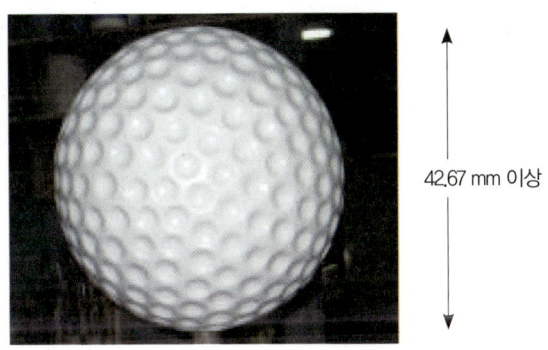

- 지름 42.67mm 이상(대부분의 공은 42.8mm 정도)
- 무게 45.95g 이하

골프공을 더 무겁고 작게 해 물리에너지는 더 많이 전달하고 공기 저항도 최소화하면 비거리가 증가하기 때문에 기준규격을 제시해 놓은 것이라고 한다.

매트 규격

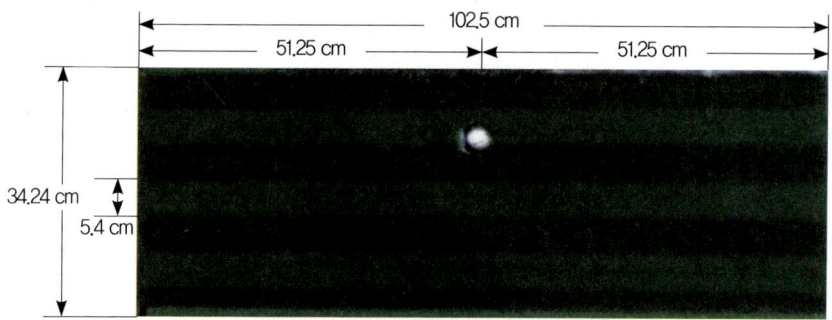

일반 잔디 매트: 일반매장 및 GLT/LGLT 시합용

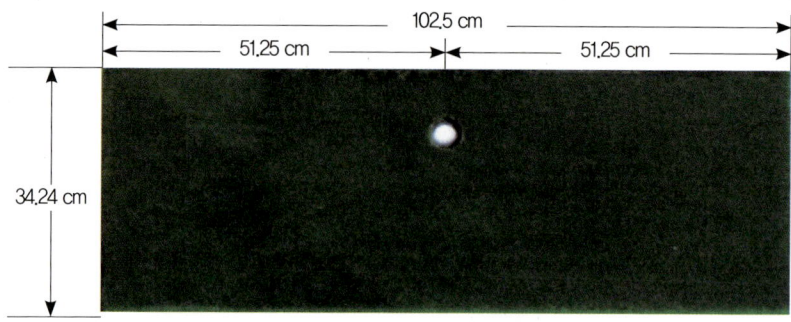

투어 매트: GTOUR 시합용

공식 II(비전)

일반 잔디 매트

- 드라이버 티 위치보다 골프공 1.2개 정도 앞쪽으로 놓으면 스트라이프 무늬 1격자는 리얼에서 약속한 칸 수로 3칸으로 보면 된다.

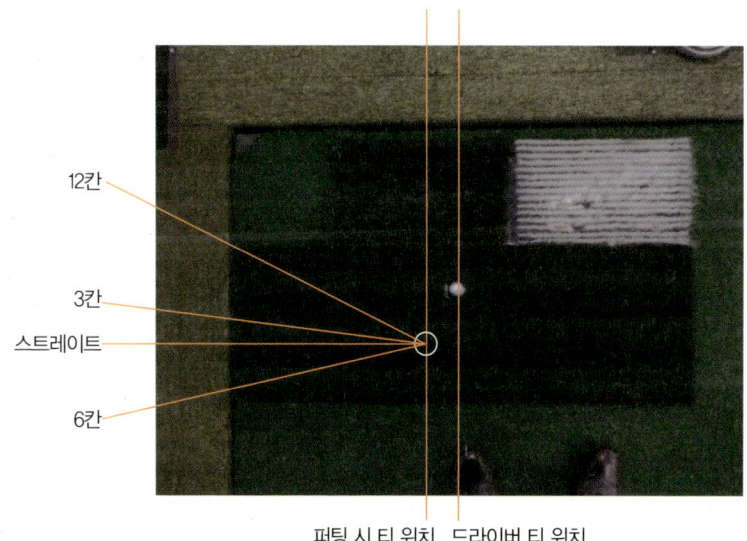

드라이버 티 위치보다 골프공 1.5개 정도 앞에 두고 퍼팅 라이를 계산한다.

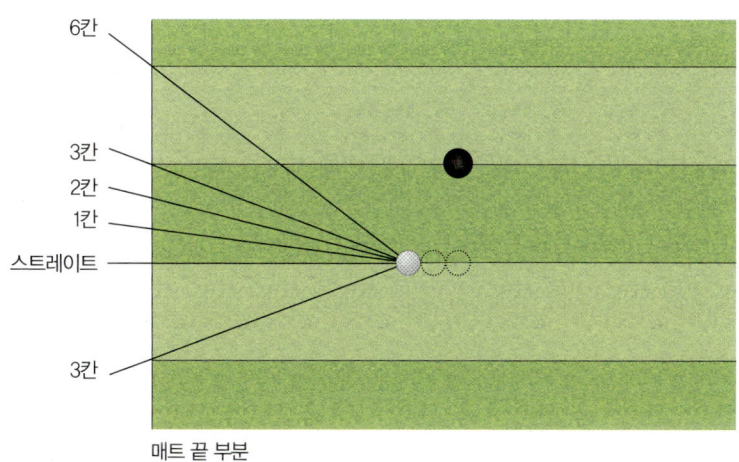

공식 III (비전)

투어 매트

- 골프공 두께를 2칸, 반을 1칸으로 정의한다.
- 투어 매트는 격자가 없기 때문에 퍼팅 라이를 계산하기 어렵다. 그래서 내 발 쪽 매트 선을 기준으로 삼기 위해 GTOUR 프로들은 내 발 쪽 매트 선에 가깝게 놓고 많이 퍼팅한다.

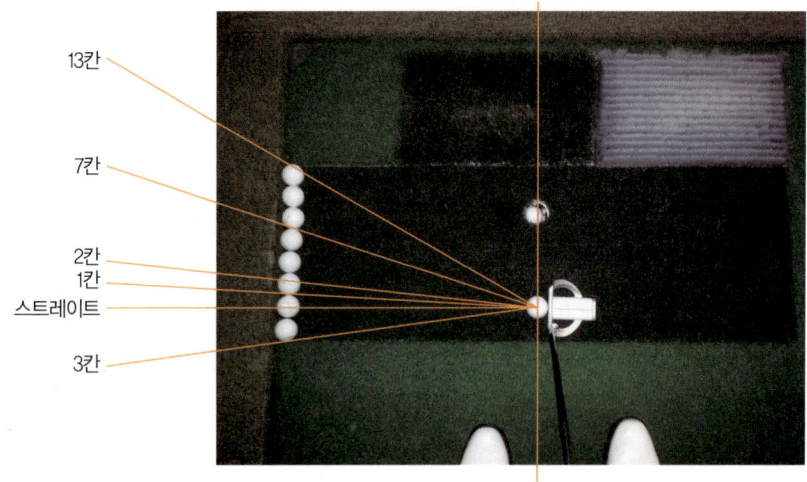

투어 매트에서는 드라이버 티 위치와 같은 선상에서 퍼팅 라이를 계산한다.

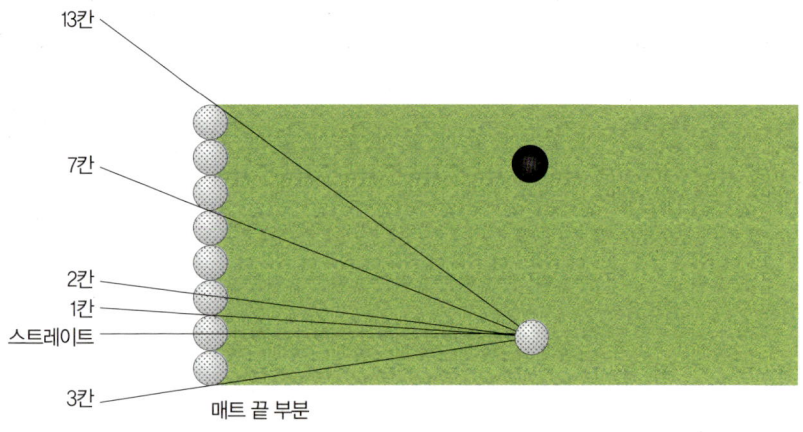

공식 IV

- 그리드상의 블록(1m × 1m), 한 개를 10칸으로 약속하자!
- 그러면 그 반은 5칸이고, 1칸에서 4칸은 비율로 짐작할 수 있다.

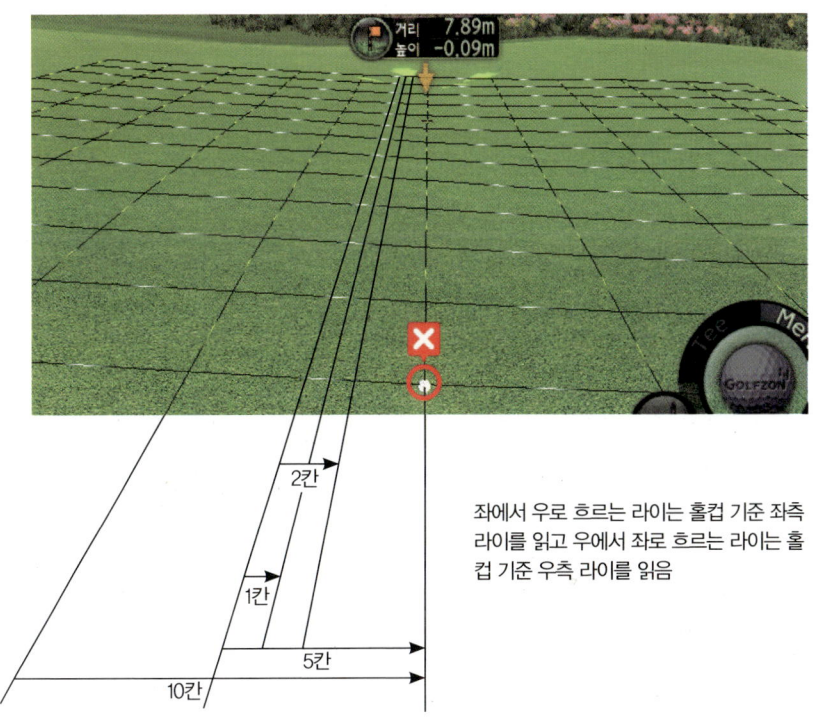

좌에서 우로 흐르는 라이는 홀컵 기준 좌측 라이를 읽고 우에서 좌로 흐르는 라이는 홀컵 기준 우측 라이를 읽음

비전과 리얼은 모두 같은 방식으로 옆라이 경사 읽음

스크린골프 옆라이 읽는 비법

> **Tip**
> 라이가 흐르는 속도를 5초 동안 얼마나 흘렀는지를 보고 수치화한다.

10m 평지 옆라이 퍼팅 기준

- 라이 정렬을 위하여 space 바를 누르고, 심장박동 속도 정도로 1부터 5까지를 카운트하고, 그동안 내가 공을 치고자 하는 방향 쪽 그린 격자가 얼마나 흘렀는지를 본다(발사각 산출).

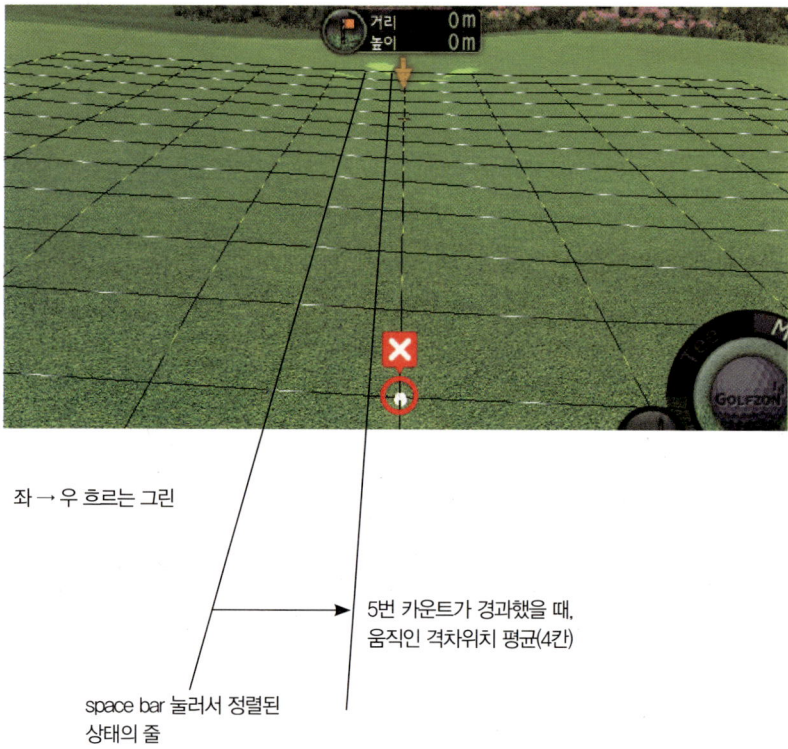

좌 → 우 흐르는 그린

space bar 눌러서 정렬된 상태의 줄

5번 카운트가 경과했을 때, 움직인 격차위치 평균(4칸)

- 좌에서 우로 4칸 정도가 흐른 것을 알 수 있다.
  ▶ 퍼팅은 좌측으로 4칸 하면 됨.
- 화면에서 산출한 발사각을 바닥 매트에서 동일하게 산출하면 된다(좌측 4칸).

- 리얼

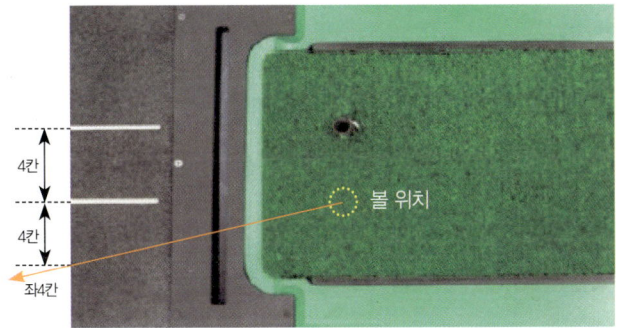

- 비전-일반 잔디 매트

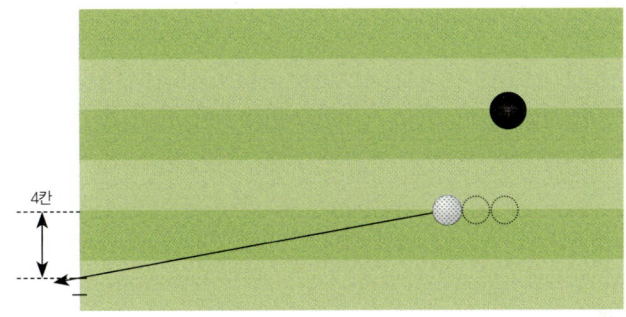

- 비전-투어 매트

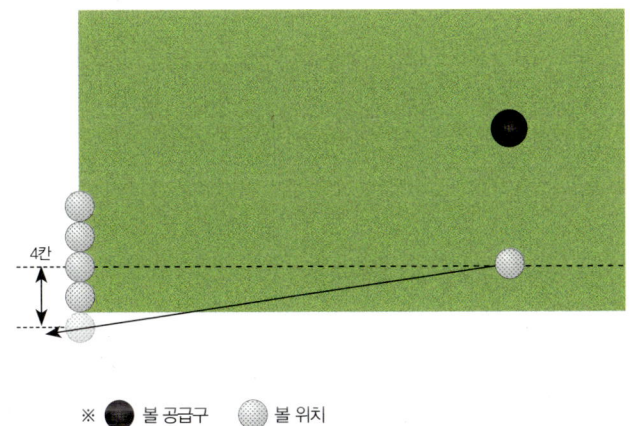

공식 V

거리별 카운트와 퍼팅 방법

거리	2m	4m	6m	8m	10m 이상
카운트	1번	2번	3번	4번	5번
퍼팅 방법	0.5m 지나가게				

* 퍼팅 거리가 8m인 경우 성인의 심장박동 속도 정도의 빠르기로 4번을 카운트했을 때 흘러간 칸 수를 카운트한다. 퍼팅 거리가 5m이면 2.5번을 카운트한다.

공식 VI

오르막/내리막을 라이 계산에 반영하는 방법

거리 계산	오르막 경사	오르막 높이 × 200% × 10 + 0.5m
	내리막 경사	내리막 높이 × 150% × 10 + 0.2m
	에지 감안	에지 1m당 1m 추가
옆라이 계산	10m 이상(5번), 8m(4번), 6m(3번), 4m(2번), 2m(1번) 사이 거리는 직선보간법 적용	
	오르막	0.2당 1번 적게 카운트
	내리막	0.1당 1번 많이 카운트

- 예1) 거리 8m, 내리막 0.2m
    - ▶ 거리 계산: 8m − (0.2m × 150% × 10) + 0.2m
        = 8 − 3 + 0.2 = 5.2m 퍼팅
    - ▶ 카운트: 거리 8m(4번), 내리막 0.2m(+2번) → 6번 카운트함.

- 거리 6m, 오르막 0.2m
    - ▶ 거리 계산: 6m + (0.2m × 2 × 10) + 0.5m
        = 6m + 4m + 0.5m = 10.5m
    - ▶ 카운트: 6m(3번), 오르막 0.2(−1번) → 2번 카운트함.

내리막에서 0.2m, 오르막이나 평지에서는 0.5m를 플러스하는 이유는?

- 홀컵을 지나갈 정도로 퍼팅해야 홀컵에 볼이 들어가기 때문이다.
- 내리막에서는 오르막이나 평지와 같은 속도로 지나가도 내리막이 반영되어 더 많이 굴러가 홀인하지 못한 경우 3퍼팅의 위험이 있기 때문이다.

퍼팅 라이 읽기(적용하기)

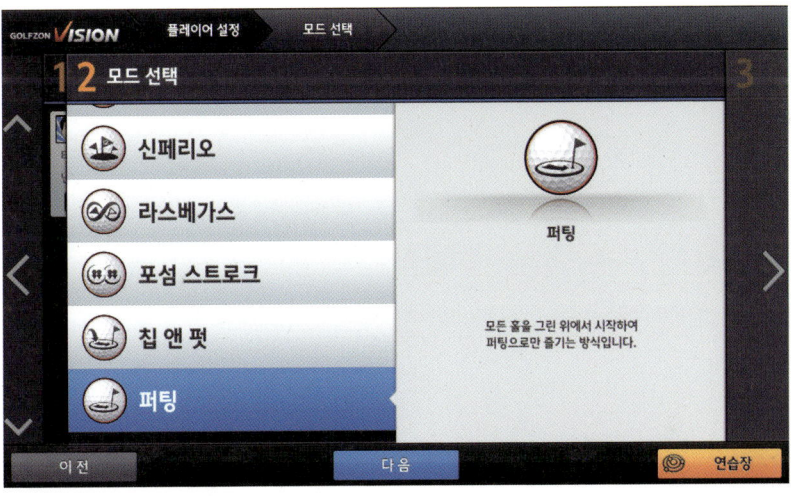

구 분	내리막	오르막
카운트 방법	0.1m당 +1번 ※ 0.1 내리막당 1번을 더 카운트 함 8m − 0.2m : 8m(4번) − 2m(2번) ≒ 6번 카운트	0.2m당 −1번 ※ 0.2 오르막당 1번을 적게 카운트 함 8m + 0.2m : 8m(4번) + 2m(1번) ≒ 3번 카운트
거리 계산	0.1m 내리막(−1.3m) 0.2m 내리막(−2.8m) 0.3m 내리막(−4.3m) 0.4m 내리막(−5.8m) ※ 150% 정도 더 적게 퍼팅 = 내리막 × 150% × 10 + 0.2m	0.1m 오르막(+2.5m) 0.2m 오르막(+4.5m) 0.3m 오르막(+6.5m) 0.4m 오르막(+8.5m) ※ 200% 정도 더 크게 퍼팅 = 오르막 × 10 × 200% + 0.5m

거리 조절에 실패하면 3퍼팅 가능성 있다.

분석

볼 좌측 격자점이 좌에서 우로 미세하게 흐르고 있지만 우측 격자점이 흐르지 않으므로 라이는 없다.

홀컵 지나서 내리막 옆라이가 시작되므로 자칫 퍼팅이 2~3m 길면 홀인에 실패해 3퍼팅 가능성이 있다.

볼 기준 1~5m 지점까지는 내리막 라이가 없고 홀컵 직전부터 약간의 내리막 라이가 있어서 거리를 딱 맞추면 퍼팅이 짧을 가능성이 있다.

퍼팅 방법

스트레이트로 6.2m 퍼팅(볼 스피드: 2.82)

오르막이 심하고 홀컵 주변 옆라이가 심하다.

분석
시작부터 홀컵까지 전반적으로 좌우 경사가 있다.
오르막 계산을 정확하게 한 후 섬세한 퍼팅 힘 조절이 중요하다.

퍼팅 방법
거리 계산
남은 거리 + (높이 × 2) + 여유 거리 = 8.28m + (0.25m × 10 × 2) + 0.5m = 13.78m

* 여유 거리(0.5m) = 오르막 라이에서는 홀컵을 0.5m 정도 지나가는 거리로 퍼팅한다.

좌우 계산
8.28m(4 + 1/4 카운트), 높이 0.25(−1−1/4 카운트), 여유 0.5m(−1/4 카운트)
2 + 3/4 카운트한 결과 좌측 라이는 4칸, 우측 라이는 2칸이 흐름
or 8.28 − (0.25 × 10) = 5.78m(2번 + 3/4 카운터)

퍼팅 실행
좌우 라이 평균인 좌측 3칸을 보고 13.78m 퍼팅

- 리얼

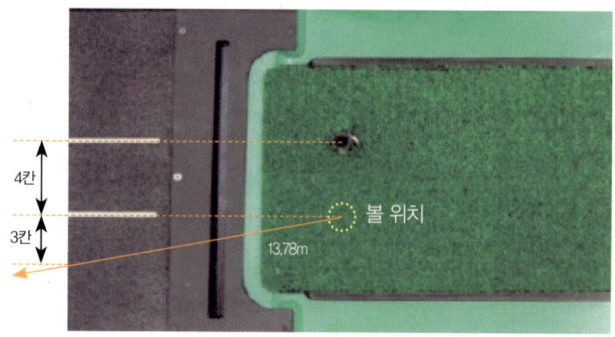

- 비전-일반 잔디 매트

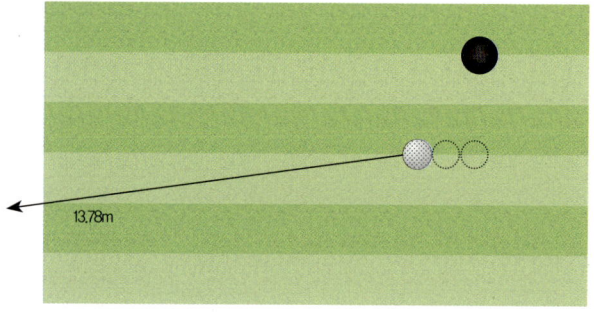

- 비전-투어 매트

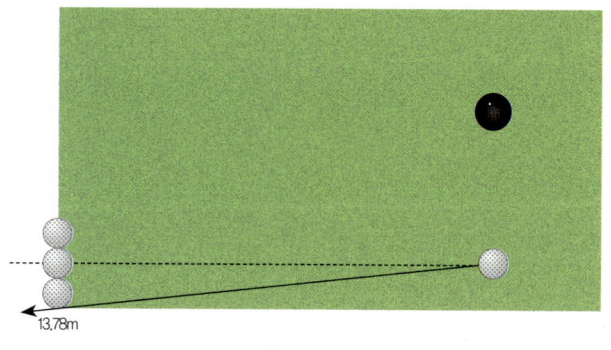

가짜 라이에 속지 말자!(1)

분석

볼 우측 격자점은 미세하게 흐르고 있으나 좌측 격자점은 흐르지 않고 있음.

격자점은 1m 격자 안의 평균 기울기를 반영하여 흐름을 결정하므로 좌측은 라이가 전혀 없고, 우측 격자 안에서 내 볼이 지나가는 지점에도 라이가 없고, 우측 격자 안의 우측 부분만 옆라이 경사가 있는 것을 짐작할 수 있다.

퍼팅을 너무 지나가게 거리 계산했을 때 홀컵을 놓치면 심한 옆라이 경사가 남을 가능성이 있으므로 거리 대비 0.5m 정도만 지나가게 퍼팅.

퍼팅 방법

스트레이트로 5.6m 퍼팅(2.71)

가짜 라이에 속지 말자!(2)

분석

볼과 홀컵 기준 좌측 격자점은 미세하게 흐르고 있으나 우측 격자점은 흐르지 않고 있음.

격자점은 1m 격자 안의 평균 기울기를 반영하여 흐름을 결정하므로 우측은 라이가 전혀 없고, 좌측 격자 안에서 내 볼이 지나가는 지점에도 라이가 없고, 좌측 격자의 좌측에 치우쳐서 약간의 라이가 있는 것을 짐작할 수 있다. 결론적으로 내 볼이 가는 라이에는 옆라이 경사가 전혀 없다.

퍼팅을 너무 지나가게 거리 계산했을 때 홀컵을 놓치면 까다로운 내리막 옆라이가 남을 가능성이 있으므로 거리 대비 0.5m 정도만 지나가게 퍼팅.

퍼팅 방법

거리 계산

5.51m + 0.02m × 2 × 10 + 0.5m ≒ 스트레이트 6.41m 퍼팅(2.95)

내리막 퍼팅 거리 계산하기(1)

분석
시작부터 홀컵까지 전반적으로 우에서 좌로 흐르는 경사가 있다.
내리막 거리 계산을 정확하게 한 후 섬세한 퍼팅 힘 조절이 중요하다.

퍼팅 방법
거리 계산
남은 거리 − 내리막 × 150% × 10 + 여유 거리
= 6.31m − 0.35m × 150% × 10 + 0.2m = 6.31 − 5.25 + 0.2 = 1.26m
* 여유 거리(0.2m) = 내리막에서는 홀컵을 0.2m 정도 지나가는 거리로 퍼팅한다.

좌우 계산
6.31m(3 + 1/3 카운트), 내리막 − 0.35(+3+1/2 카운트), 여유 0.2m(−1/5 카운트)
6 + 1/2 정도 카운트한다. 그 결과 물결모양이 우측에서 좌측으로 3.5칸 흐름.

퍼팅 계산
좌우 라이 평균인 우측 3.5칸을 보고 1.26m 퍼팅(볼 스피드: 1.4)

- 리얼

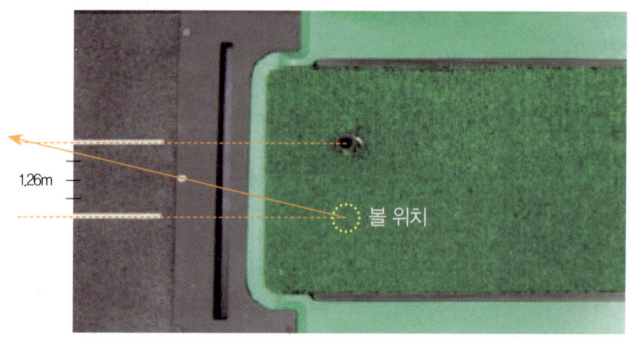

- 비전-일반 잔디 매트

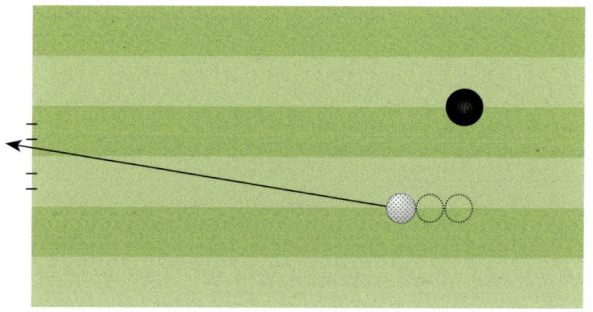

- 비전-투어 매트

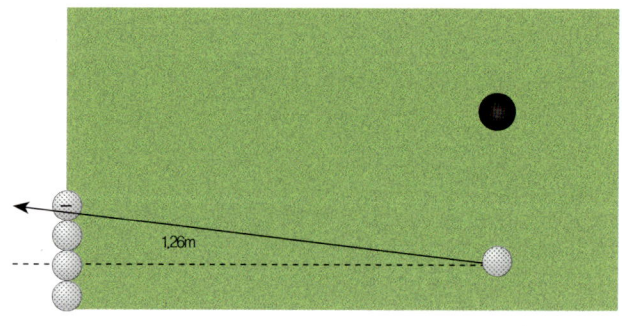

※ ● 볼 공급구   ○ 볼 위치

내리막 퍼팅 거리 계산하기(2)

분석
우측 상단의 소형 맵을 보니 볼부터 1/2지점까지는 라이가 별로 없고 이후부터 홀컵까지 라이가 있는 것으로 보인다(내 볼 쪽 라이는 많이, 홀컵 쪽 라이는 적게 반영한다).
심한 내리막이라 홀컵을 많이 지나갈 경우 3퍼팅 가능성이 있으므로 홀컵에 붙인다고 생각하는 것이 좋다.

퍼팅 방법
거리 계산
남은 거리 − 내리막 × 150% × 10 (+여유 거리)
= 9.50m − 0.40m × 150% × 10 + 0m = 9.50 − 6 + 0 = 3.50m
* 여유 거리(0m) = 내리막이 심하여 여유 거리를 고려하지 않음.

좌우 계산
9.50m(4 + 3/4 카운트), 내리막 0.40(+4 카운트)
8 + 3/4 카운트한 결과 1/2지점까지는 라이가 거의 없고, 홀컵 가까이 1/2구간은 좌우 평균 6칸 정도 흐른다.
= 6칸 × 1/2(흐르는 구간이 1/2) × 1/2(볼에서 먼 만큼 적게) = 1.5칸

퍼팅 실행
좌측 1.5칸을 보고 3.50m 퍼팅(볼 스피드: 2.15)

- 리얼

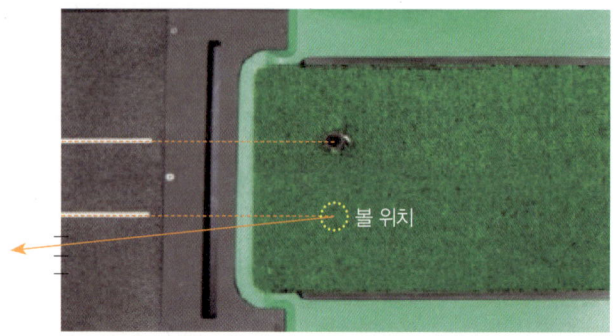

- 비전-일반 잔디 매트

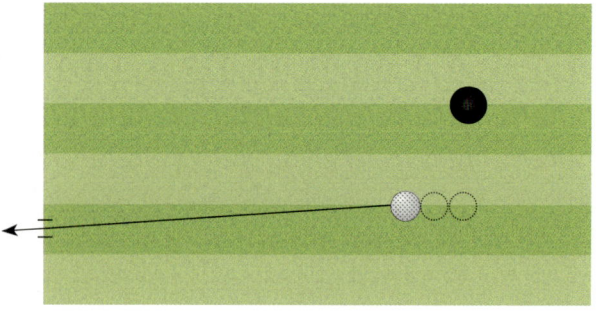

- 비전-투어 매트

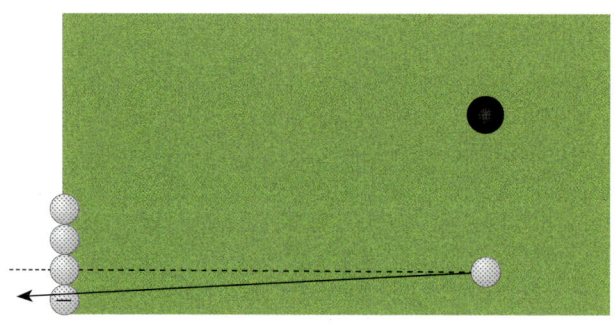

※ ● 볼 공급구   ◯ 볼 위치

일부만 흐르는 라이 계산법

분석
볼부터 3m 지점까지 우좌 라이 있음.
홀컵 전 1m 지점부터 약한 경사 있고, 지나서는 심한 내리막 옆라이 경사가 있어 홀인의 욕망을 버리고 홀컵에 붙인다는 생각으로 퍼팅에 임하는 것이 좋다.

퍼팅 방법
거리 계산
남은 거리 − 내리막 × 150% × 10 (+여유 거리)
= 9.54m − 0.19m × 150% × 10 × 0m = 9.54 − 2.7 + 0 = 6.84m
  *여유 거리(0m) = 지나가면 옆라이 내리막이 심하여 여유 거리를 고려하지 않음.

좌우 계산
9.54m(4 + 3/4 카운트), 내리막 0.19(+2 카운트)
6 + 3/4 카운트한 결과 볼부터 3m 지점까지만 좌우 평균 5칸 정도 흐르고, 홀컵 1m 인근지역이 미세하게 흐름 = 5칸 × 1/3(흐르는 구간이 1/3) = 1.66칸

퍼팅 실행
우측 1.6칸을 보고 6.84m 퍼팅(볼 스피드: 3.05)

- 리얼

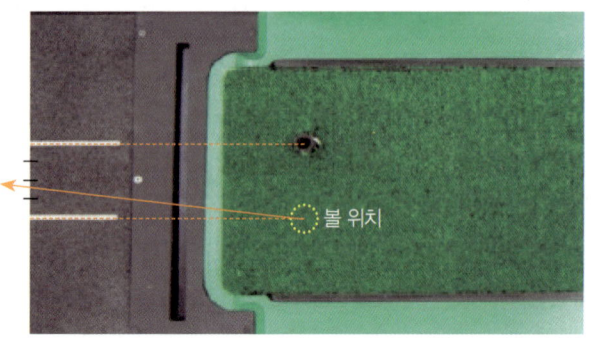

- 비전-일반 잔디 매트

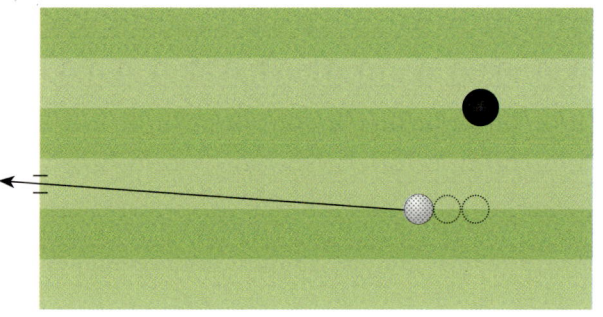

- 비전-투어 매트

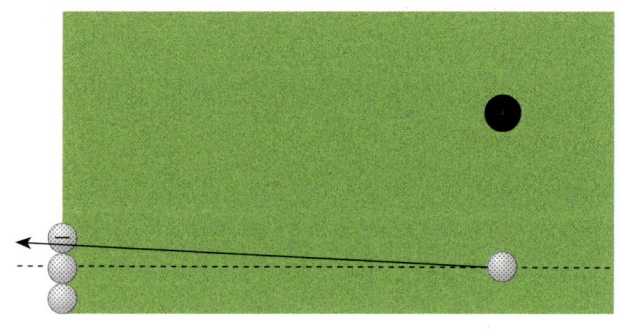

※ ● 볼 공급구   ○ 볼 위치

심한 옆라이 퍼팅

분석
오르막 경사도 심하지만 옆라이 경사가 더 심하여 홀컵보다 더 높은 지역으로 올라갔다가 경옆라이 내리막 경사를 타고 내려와 홀에 붙여야 되는 홀.
절묘한 힘 조절이 필요한 홀로 약간 힘이 부족하면 짧아서 완전 옆라이 퍼팅이 남고, 조금 크면 옆라이 내리막 경사를 타고 한없이 내려가 긴 옆라이 오르막 퍼팅이 남아 3퍼팅 가능성이 높다

퍼팅 방법
거리 계산
남은 거리 + 오르막 × 2 × 10 (+여유 거리)
= 6.40m + 0.16m × 2 × 10 + 0m = 6.4 + 3.2 + 0 = 9.6m
* 여유 거리(0m) = 옆라이가 심하여 여유 거리를 고려하지 않음.

좌우 계산
6.40m(3 + 2/5 카운트), 오르막 0.16(+3/5) → 4번 카운트
4초 카운트한 결과 우측 라이 기준 평균 6칸 정도 흐른다.
※ 우측으로 많이 보고 치는 퍼팅이므로 우측 라이 중심으로 읽음.

퍼팅 실행
우측 6칸을 보고 9.6m 퍼팅(볼 스피드: 3.9)
※ 우측 6칸을 정확하게 보내는 것보다는 9.6m를 얼마나 정확하게 보내느냐가 더 중요한 퍼팅이다.

- 리얼

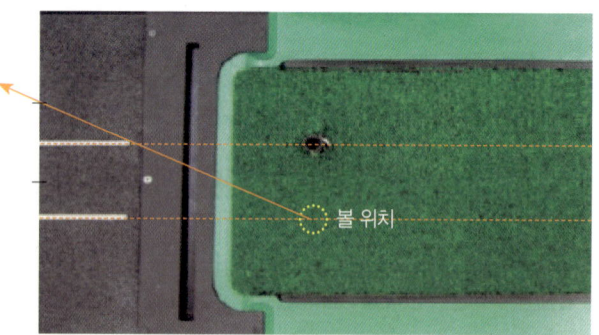

- 비전-일반 잔디 매트

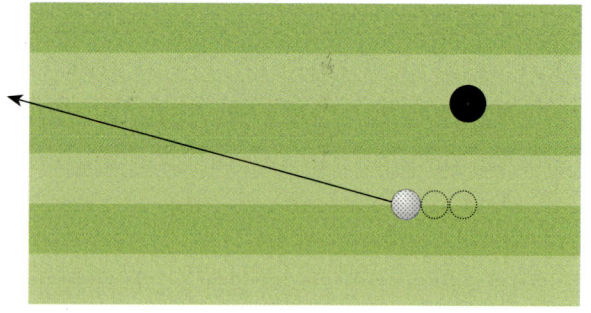

- 비전-투어 매트

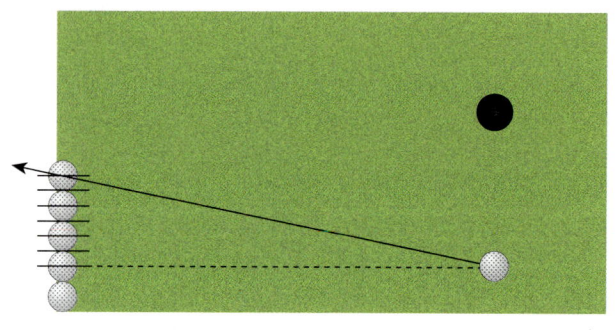

※ ● 볼 공급구   ○ 볼 위치

에지에서 퍼팅

분석

오르막이 심한 반면, 옆라이 경사는 약함.
볼에서 3m 정도가 우에서 좌로 약간 흐르고, 3~7m 구간은 좌에서 우로 흐른다.
퍼팅 시 에지 부분이 1m 정도 지나가므로 거리 계산에 반영하고, 퍼팅이 약간 지나갈지라도 직선 내리막이기 때문에 과감한 퍼팅이 가능.

퍼팅 방법

거리 계산
남은 거리 + 오르막 × 2 × 10 + 에지감속 반영 + 여유 거리
= 9.31m + 0.57m × 2 × 10 + 1m + 0.5m = 22.21m
* 에지 1m당 1m 추가(1m) = 에지에서 감속을 반영

좌우 계산
좌우 라이 상쇄되어 스트레이트

퍼팅 실행
스트레이트로 22.21m 퍼팅(볼 스피드: 5.3)
※ 계산해 보지 않으면 짧은 퍼팅이 많이 나온다. 계산을 믿고 자신 있는 퍼팅이 관건이다.

앞에서 제시한 퍼팅라이 계산방법은 필자가 독창적으로 개발한 방법이다. 심장박동 속도가 빠른 사람도 있고, 느린 사람도 있겠지만 필자 기준 1분에 80번 정도를 기준으로 공식이 만들어졌다.

코스마다 미세하게 차이는 있을 수 있지만 본 방법으로 꾸준히 연습해서 본인에게 맞추는 것이 중요하다.

스크린골프 정복하기

GTOUR프로에게 배운다
스크린골프 심화

나만의 클럽별 거리표를 만들어라! 1

백스윙 크기 클럽	120도 머리	110도 얼굴	100도 목	90도 어깨
56	86	74	65	61
	35.4	32.1	29.4	
52	96	90	85	
	38	36.5	35	
50	105	100		
	40.5	39		
PW	118	110		
	41.3	41		
9I	135	127		
	47	45		
8I	147	137		
	48	47		
7I	165	157		
	52.3	50.5		
6I	180	170		
	54	53		
5I	187			
	55			
4I	196			
	57			
3I	205		거리	
	58		볼 스피드	

거리표를 만들어야 내 클럽별 비거리를 비로소 정확하게 안다.

- 골퍼들은 심리적으로 클럽별로 많이 나갔던 거리와 아주 짧게 나갔던 거리만을 기억한다. 그래서 조금 길면 아주 길게 치고, 조금 짧으면 아주 짧게 친다.

- 대회를 준비하면서 거리표를 만들어 보면 비로소 그때 내 클럽별 비거리를 정확하게 안다.

클럽별 비거리표를 만드는 순간 당신 핸디는 7타 정도 줄었다고 해도 과언이 아니다.

대회 당일 내 샷에 믿음을 더할 수 있는 것은 나만의 클럽별 비거리표

- 평소 냉철한 성격의 골퍼도 시합 당일에는 긴장되고 아무리 연습을 많이 했어도 당황하게 된다. 그럴 때 가장 마음에 안정을 주는 것 중 하나가 내 클럽별 비거리표이다.
- 바람, 지형 및 지형의 높낮이 등을 감안해서 내가 보낼 거리를 수치적으로 산출하고, 거리표에 나와 있는 채로 믿고 샷을 한다.

드라이버 샷 2

 드라이버는 쇼나 예술이 아니라 전략이다

- 필자는 "드라이버는 쇼다, 예술이다"라는 이야기에 동의하지 않는다. 남들에게 호쾌한 장타를 보여 주기 위하여 본인이 가지고 있는 힘의 110%로 스윙했다가 OB로 낭패를 보는 경우가 많다.
- 멀리 보내는 장타력을 보여 주는 것보다는 안전하게 치는 것이 가장 최우선이고, 그 이후에 멀리 보내거나 전략적인 샷이 필요하다.
- 다음 샷이 편한 쪽(평지, 장애물이 없는 곳)으로 샷을 하라!
  비기너는 화려한 장타를 추가한다. 하지만 로핸디 골퍼는 확률을 기반으로 한 전략적인 드라이버 샷(평지, 장애물이 없는 곳, 2샷 시 좋아하는 거리를 남기는)을 구사한다.
- 안전하고 전략적인 샷을 구사하는 순간 당신의 핸디는 언더(−)로 바뀌어 있을 것이다.

일정한 구질이 유리하다.

어떠한 상황에서도 정확하게 보낼 수 있는 자기만의 구질을 만들어라!

- 부단한 노력을 통하여 가장 자신 있는 구질을 파악하고 지속적으로 발전시키면 스코어를 쉽게 줄일 수 있다.
- 가능하다면 홀 상황에 따라 모든 구질을 구사하는 것이 좋겠지만 모든 구질을 완벽하게 구사하는 골퍼는 없다. 한 가지 구질만 연습해도 실수가 연발인데, 하물며 모든 구질을 구사한다면 실수가 얼마나 많겠는가!
- 스트레이트성 구질을 기반으로 약간의 드로우와 페이드는 방향성을 더 좋게 하고, 페어웨이를 더 넓게 사용하게 한다.

한 가지 구질을 사용하면 실수를 줄일 수 있다.
- 프로들의 경기를 보면 특별한 경우를 제외하고 대부분 일정한 구질로 티샷한다. 이는 실수를 줄이기 위함이다.
- 홀의 미세한 차이를 반영하여 드로우와 페이드를 번갈아 구사하면 실력 있는 프로도 실수할 수밖에 없다.
- 그래서 가장 자신 있는 나만의 구질을 발견하는 것이 중요하다. 홀 난이도가 높은 홀에서 드라이버가 떨어지는 지점에 위험요인이 많으면 스푼(3번 우드)이나 아이언으로 끊어서 가는 것도 방법이겠지만 가장 자신 있는 구질로 과감하게 드라이버로 공략하는 것도 좋은 방법이다.

하지만 모든 상황에서 한 가지 구질이 유리한 것은 아니다.
- 나만의 구질이 드로우 구질이라고 우로 굽은 홀에서 드로우 구질을 고집하고 우측의 산을 겨냥하고 칠 수는 없다. 일반적인 상황에서 한 가지 구질을 구사하는 것이 실수 확률을 줄인다는 뜻이다.

안전한 티샷 요령

80% 힘으로 스윙하라!
- 가장 방향성이 좋은 스윙 속도는 자신의 풀스윙 기준 80% 정도이다. 급가속에 의한 실수를 줄이고 스윙 템포를 유지하기 용이하기 때문이다.
- OB가 걱정되어 너무 느린 속도로 스윙하면 오히려 OB를 낼 수도 있다.
- 위험요인이 많을수록 80% 스윙으로 자신 있는 샷을 하자!

백스윙을 천천히 정확하게 하라!
- 백스윙이 빠르면 스윙 축의 유지, 백스윙의 방향과 탑의 위치를 정확하게 잡을 수 없다.
- 백스윙은 가급적 천천히 허리의 꼬임과 정확한 궤도를 확인하며 하는 것이 좋다.

지형지물을 최대한 이용하라!

- 우측이 범면 지역이면 페어웨이 중간 기준 우측으로 티샷하면 범면에 볼이 떨어져 경사를 타고 굴러 평지 가까이에서 멈춘다. 웬만큼 우측으로 밀려도 범면이 잡아 줄 것이고, 웬만큼 좌측으로 당겨도 우측으로 친 만큼 여유가 있어 OB 확률은 적다.
- 페어웨이가 좁을수록 지형지물을 이해하고 더 잘 이용하여야 한다.

티샷에서 드라이버만 사용하라는 법은 없다.

- 드라이버 티샷이 떨어지는 지역에 위험요소가 많다면 굳이 드라이버 티샷을 고집할 이유는 없다. OB가 발생해 2타를 잃어버리는 것보다 안전하게 스푼이나 롱 아이언으로 끊어 가는 것이 현명하다.
- 그리고 드라이버 티샷 시 2샷 거리가 70m 정도가 예상되고 3번 아이언으로 티샷했을 경우 내가 가장 자신 있는 거리(85m 샌드 웨지 풀스윙 거리)가 남는다면 굳이 드라이버 티샷을 할 필요가 없다.

평소 웨이트트레이닝을 통하여 평균 비거리를 늘려라!

- 꾸준한 웨이트트레이닝을 하면 드라이버의 평균 비거리가 늘기 시작한다. 그러면 80% 스윙의 비거리와 드라이버의 헤드 스피드도 같이 는다. 그러면 결론적으로 안전하게 멀리 보내는 것이다.
- 드라이빙 레인지에서 20번 정도 드라이버 샷을 연습한다면 그중 5번 정도는 100% 스윙을 권장한다.
- 80% 스윙이 가장 안정된 스윙이라는 이야기 때문에 항상 80% 스윙만 하면 점점 스윙 스피드가 준다.

- 100% 스윙을 하면서 몸통 회전축과 균형을 유지하는 연습을 가끔 하면 80% 스윙의 평균 비거리도 늘고 보다 안정된 샷을 할 수 있다.

간단한 웨이트트레이닝 습관을 몸에 배게 하자

- 스윙 연습 시작 전 아이언 클럽 2~3개를 겹쳐 잡고 스윙 연습을 30번 정도 하는 습관을 들이는 것이 평균 비거리를 늘리는 데 큰 도움이 된다.
- 단지 몇 차례의 이런 연습은 비거리 향상에 바로 도움은 안 되겠지만 한 달, 두 달, 1년, 2년 쌓이면 2샷의 아이언을 2~3클럽 짧은 채를 잡을 것이다.

마스터는 핀 위치에 따라 드라이버 구질이 다르다.

드라이버 샷 전략적 구질 구사하기

- 전국 랭킹에 들어가는 마스터는 티샷한 볼이 떨어지는 지형에 따라 구질을 다르게 구사하지만 핀 위치에 따라서도 구질을 다르게 구사한다.
- 우핀이고 프랜지 전문에 인접해 그린 벙커가 있다면 티샷은 드로우 구질로 구사하여 페어웨이 중간에 볼이 떨어져도 좌측으로 런이 생기게 함으로 2샷을 좌에서 우로 핀 앞의 그린 벙커를 피하여 공략할 수 있게 한다.

2샷은 가장 자신 있는 거리가 남게

- 티샷을 무리하게 하여 60m 어프로치 샷이 남았다. 하지만 내가 가장 자신 없는 거리가 60m라는 사실을 인지한 순간부터 몸이 경직될 것이다.
- 홀의 전체 거리 티 박스와 그린 사이의 고저 차이 등을 정확하게 사전에 파악하고 2샷 거리를 고려하여 전략적인 티샷을 해야 한다.

 티 박스에서 티샷 위치 옮기기(티 박스를 넓게 사용하자)

Tee , → or ← 간혹 티샷 시 좌우측 숲 때문에 방해가 되는 경우 티샷 위치를 티 박스 내에서 좌우로 옮기면 편리하다.

오르막/내리막 어프로치 시 주의할 점

오르막 어프로치(56도 샌드로 30m + 오르막 3m)

공 위치의 지면상태	오르막	평지	오르막	평지
공이 떨어지는 지점의 지면상태	오르막	오르막	평지	평지
런 발생 정도	1m	2m	4m	6m

※ 공 위치의 지면상태가 오르막인 경우 특히 주의 필요
- 오르막일 경우 클럽 헤드가 앞 센서에 가깝게 지나가므로 속도를 좀 더 크게 읽고, 전면의 입상 센서에서는 낮은 탄도로 읽어 생각보다 런이 많이 발생하는 경우가 종종 있음.
- 이런 상황을 막기 위해서는 보다 기본에 충실할 수밖에 없다.
- 어깨를 지면과 수평이 되게 정렬하고, 보다 부드럽게 지면을 쓸어 치듯이 하면 실수를 줄일 수 있다.

내리막 어프로치(56도 샌드로 30m − 내리막 3m)

공 위치의 지면상태	내리막	평지	내리막	평지
공이 떨어지는 지점의 지면상태	내리막	내리막	평지	평지
런 발생 정도	12m	8m	6m	4m

※ 공 위치의 지면상태가 내리막인 경우 특히 주의 필요
- 오르막과 반대로 내리막일 경우는 클럽 헤드가 앞 센서에서 멀리 떨어져서 지나가므로 속도를 좀 더 작게 읽는다.
- 체중을 과도하게 오른발에 주고 샷을 할 경우 전문의 입상 센서에서 너무 높은 탄도로 읽어 생각보다 런이 적게 발생하여 내리막 퍼팅을 하는 경우가 종종 발생한다.
- 이런 상황을 막기 위해서는 마찬가지로 어깨를 지면과 수평이 되게 유지시켜 주고, 부드럽게 쓸어 치듯이 하면 실수를 줄일 수 있다.

▶ 개인의 탄도와 스윙 방법에 따라 런의 발생 정도는 다소 차이가 날 수 있다.

■ 오르막과 내리막의 거리계산법

o 오르막 거리계산법

> **Tip**
> 오르막(높이)은 풀스윙기준 숏아이언은 50%, 미들아이언은 75%, 롱아이언은 100%를 거리에 추가하여 클럽을 선택한다.

- 오르막에서 숏아이언 풀스윙 거리에 홀컵이 있다면 숏아이언에 의한 볼의 비구선 특성은 비구시작부터 높은 탄도로 출발하여 수직성으로 낙하하는 포물선 그리기 때문에 오르막의 영향을 비교적 적게 받는다. 따라서 볼위치 대비 홀컵의 높이 만큼의 50%를 더하는 형태로 거리에 반영해야 된다.

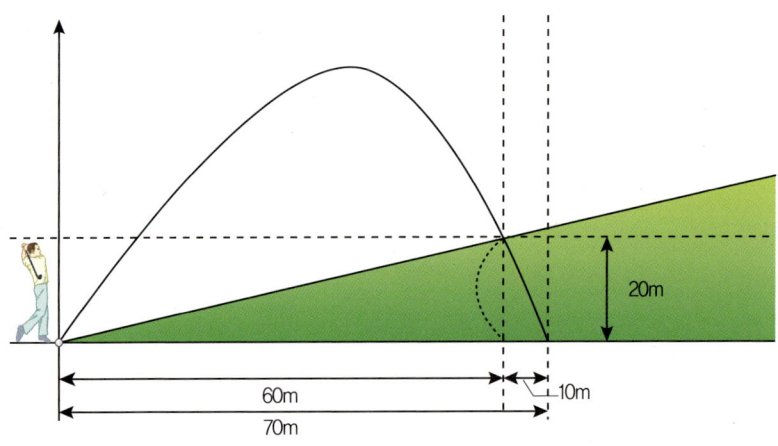

설명
남은 거리: 60m, 높이: 20m

계산법
60m + 20m × 1/2 = 70m
높은 탄도(숏아이언)로 70m 샷을 하면 됨

- 반대로 롱아이언의 경우 비구시작부터 낮은 타도로 출발하여 완만한 포물선을 그리면 낙하하는 관계로 오르막 영향을 상대적으로 많이 받는다. 따라서 볼위치 대비 홀컵 높이의 100%를 더하는 형태로 거리에 반영해야 한다. 단, 오르막이 선택한 클럽이 구현할 수 있는 볼의 탄도에 가깝게 아주 심하다면 100%이상 더 반영해야 되는 경우도 있다. 이런 경우는 의도적인 높은 탄도의 샷을 구사하거나 우드를 선택하는 것도 좋은 방법이다.

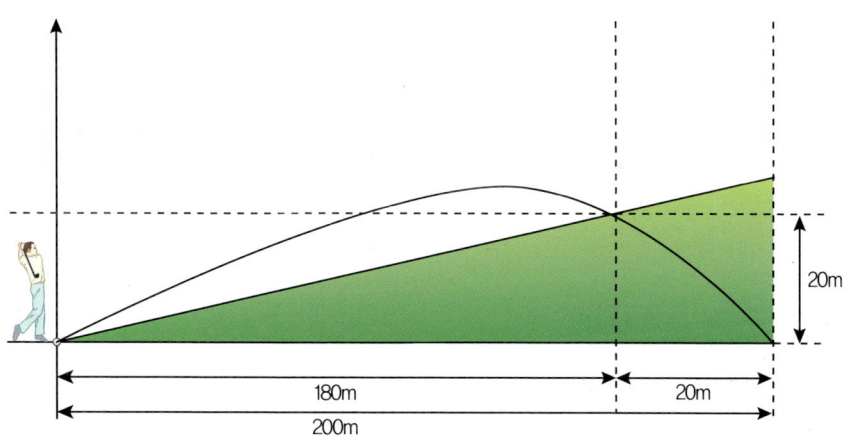

설명
남은 거리: 180m, 높이: 20m

계산법
180m + 20m = 200m
낮은 탄도(롱아이언)로 200m 샷을 하면 됨

- 미들아이언의 경우는 숏아이언과 롱아이언의 반정도인 75% 정도로 높이를 반영하면 된다.

> **Tip**
> 오르막이 심할때 한두클럽 길게 잡고 컨트롤 샷을 했을 경우 볼이 생각보다 짧게 나가는 상황이 많이 발생하는 것은 긴클럽일수록 오르막(높이)의 영향을 많이 받기 때문이다.

내리막 거리계산법

 내리막은 풀스윙기준 숏아이언은 50%, 미들아이언은 75%, 롱아이언은 100%를 거리에 감하여 클럽을 선택한다.

- 내리막에서 숏아이언 풀스윙 거리에 홀컵이 있다면 숏아이언에 의한 볼의 비구선 특성은 비구시작부터 높은 탄도로 출발하여 수직성으로 낙하는 포물선 그리기 때문에 오르막과 마찬가지로 내리막의 영향을 비교적 적게 받는다. 따라서 볼위치 대비 홀컵의 높이 만큼의 50%를 빼는 형태로 거리에 반영해야 된다.

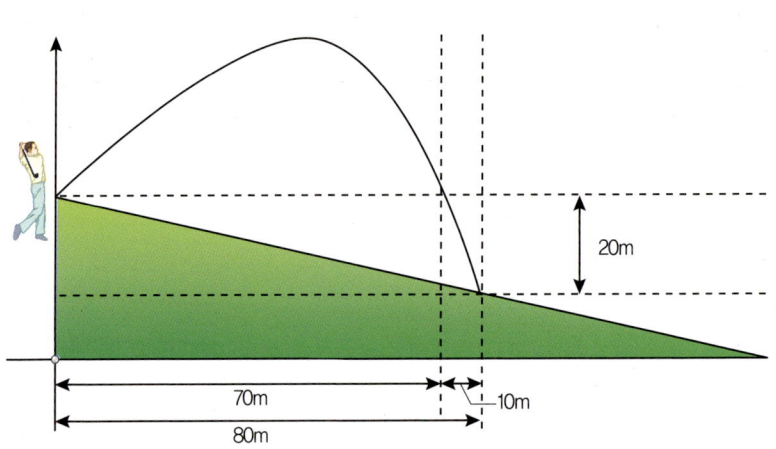

설명
남은 거리: 80m, 내리막: 20m

계산법
80m − 20m × 1/2 = 70m
높은 탄도(숏아이언)로 70m 샷을 하면 됨

- 반대로 롱아이언의 경우 비구시작부터 낮은 타도로 출발하여 완만한 포물선을 그리면 낙하하는 관계로 내리막 영향을 상대적으로 많이 받는다. 따라서 볼위치 대비 홀컵 높이의 100%를 빼주는 형태로 거리에 반영해야 한다. 단, 같은 클럽이라도 높은 탄도의 구질을 구사하면 100%에 가깝에 반영하고, 낮은 탄도를 구사하면 50%에 가까운 숫자를 빼줘야 한다.

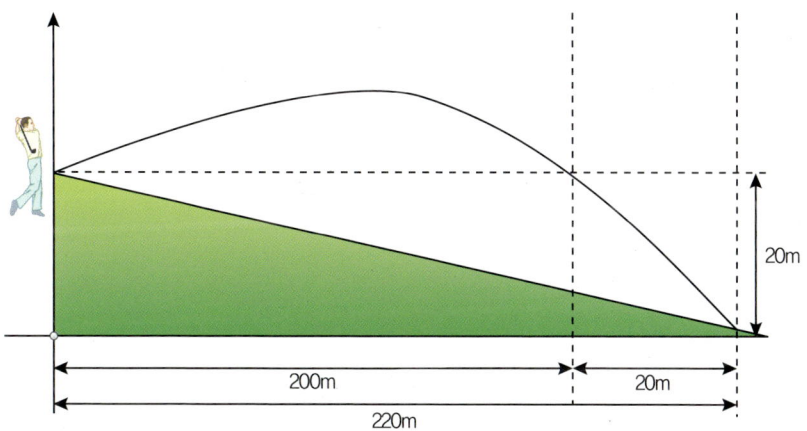

설명

남은 거리: 220m, 내리막: 20m

계산법

220m − 20m = 200m
낮은 탄도(롱아이언)로 200m 샷을 하면 됨

- 미들아이언의 경우는 숏아이언과 롱아이언의 반정도인 75% 정도로 높이를 반영하면 된다.

볼 스피드/탄도와 비거리 4

드라이버/아이언의 볼 스피드, 탄도와 비거리

구분	100% swing				90% swing			
	run	carry	speed	angle	run	carry	speed	angle
D	250	236	69	10.73				
3I	210	200	63.6	16.5				
4I	190	184	59.6	16.5				
5I	180	175	58.5	17.3				
6I	165	161	55	17.5				
7I	*154	151	51	19	*145	139	49.5	19.5
8I	134	130	47	21.3	130	125	46	23
9I	124	120	44	25	120	115	44	28
P	111	108	41	31.3	105	101	39.5	28.2
W	94	91	38.5	38	85	82	35	37.5
S	85	82	36	40	76	73	32.5	38.5

* 7번 아이언 풀스윙시 51 스피드, 19도 탄도로 151m 지점에 carry로 떨어지고 런이 3m 발생하여 총 154m 보낼 수 있다.
* 7번 아이언으로 90%스윙시 49.5 스피드, 19.5도 탄도로 139m 지점에 carry로 떨어지고 런이 6m 발생하여 총 145m 보낼 수 있다.

거리는 스피드에 비례(스피드에 주목하라!!!)

- 자기만의 스피드 표를 가지고 있으면 내가 보내려고 한 거리를 정확하게 쳤는지 못 쳤는지를 확인할 수 있으므로 연습에 도움이 된다.
- 대회 때, 특히 업/다운과 바람이 심한 쇼트 홀에서 다른 사람의 샷 스피드를 보면 몇 번 채로 몇 미터를 쳐야 하는지 정확하게 알 수 있다.

탄도가 비거리 및 런에 치명적인 영향을 미친다.

- 탄도가 높으면 거리도 적게 나가고, 그린에서 런이 줄어든다. 그래서 그린에 공을 세우기가 유리하다.

구분	풀스윙		얼굴		목		어깨	
S58	83	35.8 42도	78	34.5 42도	73	32.5 42도	70	31.5 42도
S54	100	40 40도	95	39 40도	90	31.4 40도	83	35.4 40도
S50	112	43.75 37도	109	43 37도	105	40.5 37도	100	39.8 37도
P	125	47.2 34도	122	47 34도	113	43 34도	107	41.3 34도
9	145	51.5 27도	137	49 27도	130	46 27도	120	43 27도
*8	160	53.4 24도	155	51 24도	145	50 24도	140	46 24도
7	177	55.2 18.5	170	54 19.3	165	52.7 19.5		
6	192	57 16.5	185	56 18	175			
5	197	58.4 15.4	194	57.2 13	185	55 12.5		
4	210	60 14.4	205	59.3 14.4				
3	225	63 13	215	61 13				

8번 아이언으로 풀스윙시 24도 탄도로 160m 보낼 수 있다.
    " 백스윙을 얼굴까지 했을 때 24도 탄도로 155m 보낼 수 있다.
    " 백스윙을 목까지 했을 때   "   145m   "
    " 백스윙을 어깨까지 했을 때   "   140m   "

(활용예시) 내리막이 엄청나게 심하고 바람도 많이 부는 숏홀(거리 150m, 내리막 40m, 바람 10m/sec) 인데, 앞 선수가 좌로 10m를 보고 쳤는데 거리는 정확하게 맞았는데 방향만 우로 3m정도 벗어 났다.(볼스피드와 탄도를 보니 49, 27도 였다.)
  ⇨ 좌로 13m를 보고 9번 아이언으로 얼굴까지 백스윙싸이즈로 샷을 하면 됨

• 반면 탄도가 낮으면 비거리도 늘고, 런도 많이 발생해 그린에 세우기는 어렵다.

다음은 7번 아이언으로 동일한 스피드(51)로 다른 탄도를 구사했을 때 각각의 거리를 보여 준다. 탄도가 낮으면 공이 떠서 가는 거리가 길어질 뿐만 아니라 그린에 떨어졌을 때 런이 더 많이 발생해 총거리가 많이 증가한다.

7번 아이언	16도	18도	20도	22도
carry	160	155	150	148
run(그린에서)	15	8	4	3
sum	175	163	154	151

퍼터 시 볼 스피드별 거리

run	speed				비 고 (비전)
	리얼	gap	비전	gap	
2	2.6		1.6		
3	2.8	0.2	2.2	0.6	3m 퍼팅시 짧지 않게 주의
4	3	0.2	2.5	0.3	
5	3.2	0.2	2.8	0.3	
6	3.4	0.2	3.2	0.4	
7	3.6	0.2	3.5	0.3	*7~8m 퍼팅 짧지 않게 주의
8	3.8	0.2	3.8	0.3	
9	4	0.2	4	0.2	
10	4.2	0.2	4.2	0.2	
11	4.4	0.2	4.4	0.2	
12	4.6	0.2	4.5	0.1	
13	4.8	0.2	4.7	0.2	
14	5	0.2	4.8	0.1	
15	5.2	0.2	4.9	0.1	
16	5.4	0.2	5	0.1	
17	5.6	0.2	5.1	0.1	15m 이상 롱 퍼팅은 때리지 말 것
18	5.8	0.2	5.2	0.1	
19	6	0.2	5.3	0.1	
20	6.2	0.2	5.4	0.1	

* 비전에서는 2~3m 내리막 퍼팅, 7~8m 퍼팅에서 짧지 않게 주의하라!

그린 빠르기별 볼스피드 비교(보통, 약간빠름, 매우빠름)

거리	볼스피드(그린상태별)			비고
	보통	약간빠름	매우빠름	
2m	2	1.9	1.6	
3m	2.6	2.5	2.2	
4m	3	2.8	2.5	
5m	3.5	3.3	2.8	
6m	3.9	3.8	3.2	
7m	4.3 ①'	4.1	3.5	
8m	4.6	4.3 ①"	3.8	
9m	4.8	4.6	4.0	
*10m	5.1 ❶	4.8	4.2 ①	
11m	5.3	5	4.4	
12m	5.5	5.2	4.5	
13m	5.7	5.3	4.7	
14m	5.9	5.5	4.8	
**15m	6.1 ①	5.7	4.9	
16m	6.3	5.9	5.0	
***17m	6.4	6.1 ①'	5.1 ❶'	
18m	6.6	6.3	5.2	
19m	6.8	6.5	5.3	
20m	7	6.7	5.4	

* 매우빠른 그린에서 10m(볼스피드① = 4.2)를 정확하게 보낼 수 있는 퍼팅스트록은 보통그린에서 하면 7m정도(볼스피드①' = 4.3), 약간빠른 그린에서는 8m 정도(볼스피드①" = 4.3) 간다.

** 만약 내가 "약간빠른그린"에 익숙해져 있는데 "보통그린"에서 15m퍼팅(볼스피드① = 6.1)을 하려고 하면 약간빠른 그린기준 17m(볼스피드①' = 6.1) 퍼팅스트록을 하면 보통그린 기준 15m퍼팅이 된다.

***만약 내가 "매우빠른그린"에 익숙해져 있다면 "보통그린"에서 10m퍼팅(볼스피드❶ = 5.1)을 하려면 "매우빠른그린"기준으로 17m퍼팅스트록(볼스피드❶' = 5.1)을 해야 "보통그린"에서 10m퍼팅이 된다.

특히 퍼팅에 있어서 볼 스피드를 보는 것이 중요하다.

- 오르막과 내리막 반영에 있어 골프장마다 실제 얼마나 더 가감해야 하는가를 알기 위해 연습 때는 반드시 볼 스피드 보기를 습관화해야 한다.
- 그렇게 연습하다 보면 어느 골프장은 그린이 좀 빠르고, 오르막과 내리막을 어느 정도 감안해야 되는지를 쉽게 파악하고 적응할 수 있다.

리얼 시스템의 퍼팅 거리는 1m당 0.2씩 증가하는 것을 알 수 있다.

반면 비전 시스템은 구간마다 약간씩 다르다. 6m에서 7m로 1m 더 보내기 위하여 0.5가 증가하는 반면 15m 이상의 거리를 1m씩 증가하는 데는 0.1만 증가하면 된다.

그래서 기존 N형이나 리얼 시스템에 적응해 있는 사용자들이 처음 비전을 접하고 실수를 많이 하는 것은 아래와 같다.

1~4m 내리막 퍼팅에서 0.1~0.2m씩 짧다.
- 해당 구간에서는 1m당 증가하는 볼 스피드의 gap이 크기 때문에 발생하는 실수

8m 정도의 거리는 조금씩 짧다.
- 해당 구간에서는 1m당 증가하는 볼 스피드의 gap이 크기 때문에 발생하는 실수

15m 이상의 롱 퍼팅 시 너무 많이 지나가는 실수를 한다.
- 해당 구간에서는 1m당 증가하는 볼 스피드의 gap이 작기 때문에 발생하는 실수(1m당 0.1씩 증가)

비전에서는 2~3m 내리막 퍼팅, 7~8m 퍼팅에서 짧지 않게 주의하라.

센서 오류의 유형과 방지법(리얼 기준) 센서를 이기자!

전국대회에서 대부분의 센서 오류는 본인 책임이라 구제를 받을 수 없다. 마스터가 되기 위하여, 또는 마스터라고 하면 전국대회에서 좋은 성적을 획득하기 위해 센서 오류에 대하여 잘 파악하고, 센서 오류를 막는 방법을 잘 알고 있어야 한다.

드라이버 샷이 90도 가까운 각도로 우측으로 나감

- 드라이버 헤드의 바닥 색깔이 검은색에 가까울 때 자주 나타나는 오류현상으로
- 스팟존에 정확하게 히팅되지 않았을 때 클럽의 미세한 떨림을 공이 나아가는 방향으로 잘못 인식하고 나타나는 현상
- 과거 T사와 C사에서 드라이버의 비주얼을 좋게 하기 위하여 바닥까지 검정색인 드라이버를 출시하여 많이 골퍼가 사용해 몇 번씩은 이런 경험을 겪었을 것이다.
- 최근 골프존에서 오류를 수정하여 현재는 이런 오류가 잘 발생하지 않는다.

40도 이상 웨지 사용 시 26~7도로 인식하여 런이 많이 발생함!! 런으로 홀컵을 너무 지나쳐 3퍼팅으로 보기!!

- 60도 웨지를 사용할 경우 46도 이상을 인식하지 못하고 26~28도 정도로 인식
- 이는 볼 탄도가 너무 높아 전면의 입상 센서가 볼을 인식하지 못하고 채의 헤드를 공으로 인식한 결과로 탄도가 낮게 나오고 그린에 떨어져 런이 많이 발생한다.
- 이 유형의 오류는 센서의 하드웨어적인 문제로 골프존에서도 수정하는데 한계가 있는 듯하다. 그래서 다소 서둘러 비전을 출시하지 않았나 하고 짐작한다.

리얼 게임 시 56도 이상의 웨지는 사용하지 마라! 센서 오류의 원인이 된다.

오르막 경사에서 7~8번 아이언이 200m 정도!! 그린을 지나 OB!!

- 앞 센서에서 방향과 스피드, 옆 센서에서 탄도를 중심으로 읽는다.
- 오르막 경사에서는 스윙 플레이트 앞부분이 위로 올라가 있어 스윙을 했을 경우 아이언의 헤드가 앞 센서로 낮게 깔려 빠른 속도로 지나가고, 정면의 입상 센서에서는 낮은 탄도로 인식하기 때문이다.
  - ▶ 스윙 플레이트가 지형의 경사도를 반영하기 위하여 움직일 때 센서도 스윙 플레이트와 같이 움직이기 때문에 발생하는 문제이다(플레이트와 센서 일체형에서 나오는 문제).

오르막 경사에서 어드레스 시 어깨 기울기를 바닥 경사와 같이 맞추어라!

퍼팅 시 직선으로 잘 쳤는데 좌측으로 굴곡이 생김

- 퍼팅 시는 앞부분에 있는 일자 센서 중심으로 인식하는데 볼의 방향과 스피드, 헤드 페이스의 열리고 닫힘을 인식한다.
- 공을 직선으로 보냈지만 퍼터 헤드가 앞 일자 센서를 지나갈 때 닫히거나 열리면 굴곡이 생기는 현상이 나타남.
- 그래서 마스터들은 퍼터 헤드가 센서 앞을 지나갈 때까지 헤드를 닫지 않고 끝까지 밀어치는 연습을 한다.
- 또는 약간은 때리는 스윙으로 공을 먼저 보내놓고 헤드가 앞 센서를 늦게 도착하게 함으로써 헤드 페이스 각도를 공 방향에 반영되지 않게 하는 방법이 있다. 이 경우는 때림으로 인하여 거리를 맞추기가 어려울 수 있으므로 특히 주의하여야 한다.

백스윙 시보다는 팔로 스루 시 퍼터 헤드가 스퀘어로 유지될 수 있도록 해라!

볼 종류에 따라 구질이 다르다? 6

골프공은 가운데 핵(코어)을 중심으로 반발력과 탄성이 다른 물질의 커버를 만드는데, 핵을 포함해서 몇 가지로 구성되었느냐에 따라 2피스, 3피스, 4피스로 나뉜다.

2피스 볼은 아마추어들이 연습용으로 많이 사용하고, 3피스, 4피스 볼은 거리보다는 정교한 컨트롤이 가능한 고급 골퍼가 많이 사용한다.

볼 구조

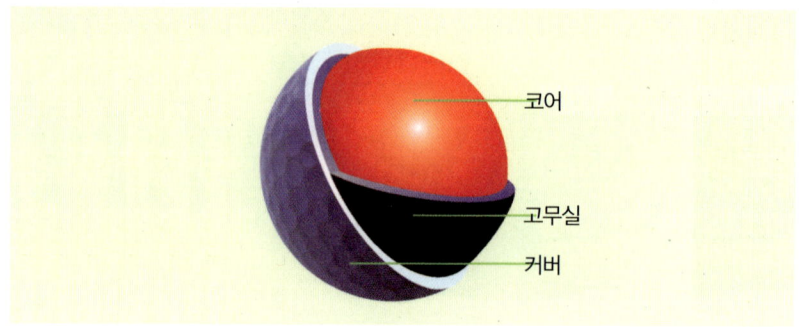

볼 종류와 종류별 특성

2피스 볼의 특징(비거리를 위한 볼)

- 합성고무와 강화 커버 두 부분으로 구성.
- 바닥에 튕겨 보면 3피스보다 소리가 경쾌하고 잘 튄다.
- 날아가는 탄도가 높다.
- 회전량이 적어 지면에 떨어진 후 런 발생이 많다.
- 스핀이 적어 방향 컨트롤이 어렵고 타구감이 딱딱하며 흠집이 잘 생긴다.

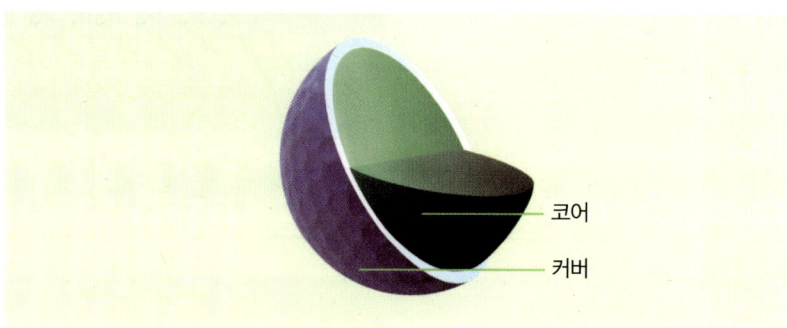

3피스 볼의 특징(정확성을 위한 볼)

- 볼 중심 부분인 합성고무에 실 고무줄을 감고 그것을 보호하는 커버를 덧씌운 3중 구조로 구성.
- 바닥에 튕겨 보면 2피스에 비해 묵직한 소리가 나고 조금 덜 튄다.

4피스 볼의 특징(거리와 정확성의 조화)

- 코어가 두 겹으로 구성. 즉, inner cover에는 강한 소재, outer cover에는 부드러운 소재를 사용하고 있다.
- 종전 3피스 볼의 스핀력과 2피스 볼의 비거리, 이 두 장점을 모두 갖춘 혁신적인 제품.

- 11년도에 비전으로 GLT/LGLT 대회가 시작되면서 T사의 공을 공식지정구로 사용하게 되었다. 그 이후 몇 달 동안 대회 때마다 마스터들의 한결같은 말은, "이상하게 대회 때마다 어프로치 탄도가 낮게 나오고 거리가 많이 나가서 대회를 망쳤다"고 한다.
  - 결론적으로 골프공의 2피스, 3피스의 차이에 따라 나타난 해프닝으로 밝혀졌다.
- 어떤 프로와 함께 연습을 같이하다가 프로 왈, "2피스 공은 탄도가 높은 반면 백스핀이 적게 먹고, 3피스 공은 탄도가 낮은 반면 백스핀이 많이 걸려 그린에 공을 세울 수 있다"라고 했다. 이 이야기를 듣고 필자와 그 프로는 같이 테스트를 해 보았는데,
  - 정말 2피스 공은 56도 샌드로 어프로치를 했을 때 38도~40도 정도가 구현되는 반면 3피스 공은 27도~33도 정도가 구현되었다.
  - 만약 필드라고 하면 3피스 공이 탄도가 낮을지라도 스핀에 의하여 공을 세울 수 있겠지만 리얼 같은 시스템에서는 공의 스핀을 읽을 수 없기 때문에 세울 수 없는 것은 당연하다.
  - 후문에 의하면 골프공 메이커에서 탄도가 높으면서 스핀량을 많이 줄이는 공을 개발했다고 한다. 결과적으로 골프존이 우리나라 골프공의 기술발전에도 기여하였다고 할 수 있다.

하루에 5경기 정도는 소화할 수 있는 체력을 길러라! 7

체력도 실력이다.

- 아무리 실력이 좋아도 기본적인 체력이 없으면 대회에서 좋은 성적은 기대할 수 없다.

- 필자는 보통 2번째 경기에서 가장 좋은 성적이 나온다. 본선이나 결선 당일 아침부터 1~2시간 연습을 하고 경기에 들어가는데 체력이 부족하면 본 경기에 들어가기 전에 체력이 모두 소진되어 좋은 성적을 기대하기 어렵다.

체력은 평소에 길러야 한다.

- 평소 웨이트트레이닝, 지나친 흡연과 음주는 삼가고 꾸준한 스윙 연습과 걷기 등으로 체력을 길러야 한다.

- 대회가 시작되면 별도 체력훈련의 시간적인 여유가 없으므로 평소 생활에서 운동하는 습관을 들여야 한다.

어프로치 비법

하프 스윙이나 60m 이내 어프로치는 바람의 영향을 받지 않는다.

일반적으로 낮은 탄도를 구사하면 바람의 영향을 줄일 수 있다. 이를 좀 더 구체적으로 이야기하면,

- 샌드 웨지 기준 60m 이내는 바람의 영향을 거의 받지 않는다.
- 모든 채 기준 하프 스윙 이하는 바람의 영향을 거의 받지 않는다.
- 이는 탄도 대비 비거리가 적기 때문이다.

어프로치 시 볼이 떨어지는 지점의 지형이 내리막 경사라고 하면 30m 이내 어프로치보다 60m 이상의 어프로치가 볼을 그린에 세우기 쉽다.

TV에서 중계하는 프로선수 경기를 보면 짧은 어프로치가 런으로 3~4m 지나가는 장면이 많이 나온다.

- 그러나 60~80m 거리의 어프로치는 핀 근처에서 런 없이 바로 멈추거나, 심지어 핀을 carry로 지나갔다가 백스핀을 걸어 핀에 붙이는 장면을 많이 보았을 것이다.
- 스크린골프에서도 마찬가지이다. 30m 이내의 짧은 어프로치는 타법의 미묘한 차이에 따라 런 발생 정도도 크다.

어프로치 거리표

구분	run	carry	speed
S	10	8	9
	15	12	11
	20	16	13
	25	21	15
	30	27	17
	35	31	18.7
	40	35	20.5
	45	41	22.5
	50	45	24
	55	52	26
	60	57	27.5
	65	62	29.3
	70	67	30.8
	75	72	31.7
	80	77	33.8
W	85	82	36
	90	85	37.5
	95	91	38.8
P	100	97	40
	105	100	40
	110	103	40.7
	115	108	42.5

100m 이내 어프로치를 홀컵 1m이내 모두 붙일 수 있으면 로우핸디가 보장 된다.
그래서 프로는 어프로치에 많은 시간을 할당하는데 본인의 어프로치 거리표를 만들어 놓고 있으면 연습을 더 효율적으로 할 수 있다.

(활용예시) 30m 어프로치를 했는데 5m 더가서 35m 지점까지 볼이 떨어졌다.
볼스피드를 보니 18.7이었다. 결론은 내가 보내고자 하는 거리대비 백스윙싸이즈가 컸거나, 스윙스피드가 빨랐다는 것을 알 수 있다.

특히 스크린골프에서 핀이 내리막 경사에 꽂혀 있다고 하면 30m 이내의 짧은 어프로치는 남기지 않는 것이 좋다.

- 가급적 남은 거리를 감안한 전략적 티샷 이후 60m에서 80m 정도의 거리를 남게 하고, 탄도를 충분히 높게 띄워서 그린에 떨어져 런 없이 바로 세워야 한다.

라이가 많은 경우 전략적인 어프로치가 필요

가장 자신 있는 거리를 남겨라!

- 누구나 가장 자신 있는 거리가 있을 것이다. 샌드 웨지로 하프 스윙을 하면 60m가 정확하게 간다. 물론 평소에 그 거리에 대한 연습을 충분히 하는 것이 전제다.
- 티샷 및 2샷을 내가 가장 자신 있는 어프로치 거리로 남을 수 있도록 컨트롤 샷을 한다. 그러면 마음이 편안해지고 자신감이 생긴다.

내리막보다는 오르막 퍼팅이 남도록 한다.

- 확률적으로 내리막 퍼팅보다는 오르막 퍼팅이 성공 가능성이 높다
- 내리막은 경사를 많이 감안해야 하고, 약간의 힘으로도 많이 구르기 때문에 조금만 실수해도 큰 오차율이 나타난다.
- 반대로 오르막 경사는 경사를 상대적으로 적게 보고 웬만한 실수에도 오차율이 크지 않다.

공격적인 어프로치가 필요할 때도 있다.

내가 가장 좋아하는 거리가 남았고, 앞뒤 좌우 모두 벗어날 경우 1퍼팅 마무리가 곤란하다. 그러면 바로 과감하게 핀을 노리고 적극적으로 공략한다.

- 핀 주변이 평지거나 반대로 불규칙한 굴곡이라 전략적인 어프로치 포인터를 찾는 것이 무의미한 경우가 있다. 그러면 핀을 직접 노린다.
- 그 외에는 오르막을 남기는 전략적인 어프로치를 잊지 말기 바란다.

> **Tip**
>
> 비전에서 GTOUR, GLT 등 난이도가 높은 전국대회 코스는 그린 굴곡이 심한 경우가 많아서 60도 웨지로 45도 이상 높은 탄도를 구사하여 15~40m carry로 보내고 그 자리에 바로 세우는 샷이 유용하다.
>
> - 56도 또는 52도 웨지로 33~35도 정도의 탄도를 구사한 경우 떨어지는 지점이 약간 내리막이면 런이 6~7m 발생하여 핀에 붙이는데 어려움이 있다.
> - GTOUR와 같은 전국대회에서 좋은 성적을 획득하기 위해서는 높은 탄도의 어프로치에 익숙하여야 한다.

어프로치 비법 전수 예제

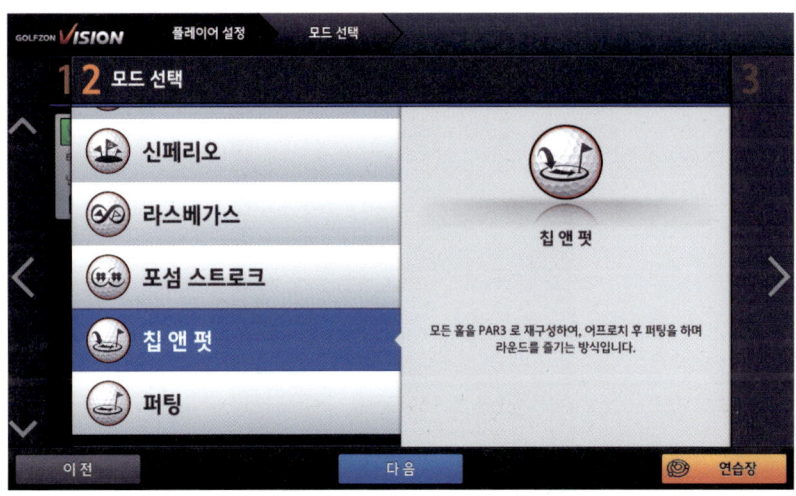

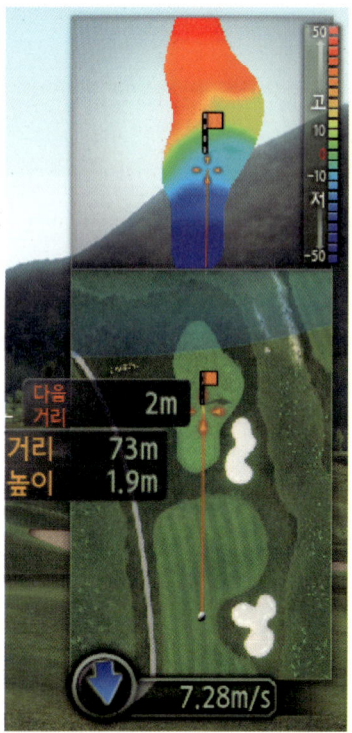

조건

남은 거리 76.3m + 1.9m
바람 7.28m/sec
거리 조절에 실패하면 옆라이 경사 심함

거리 계산

76.3m + 1.9m + 7.28m − 1m ≒ 84.48m

방향

그대로(약간 좌 → 우 바람 있으므로)
※ 홀컵을 지나가면 어려운 내리막 퍼팅이 남게 되므로 1~2m 짧게 공략하여 오르막 퍼팅을 남긴다.

클럽 선택과 스윙

52도 웨지로 적당한 탄도로, 10시 스윙 사이즈로 스윙 템포에 신경을 써서 2~3번의 연습 스윙 이후 자신 있게 스윙.

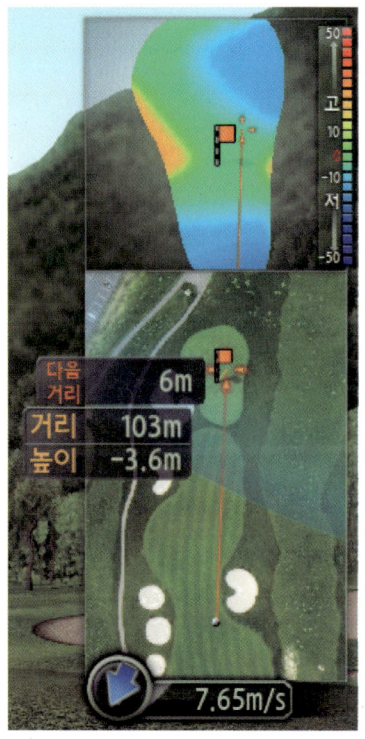

조건
남은 거리 98.8m
바람 7.65m/sec
지나서 4m, 우측 5m까지 평지 좌측 1m, 짧게 3m까지 평지

거리 계산
98.8m − 3.6m + 7.65m ≒ 103m

방향
핀과 우측 에지 사이를 겨냥(우측 3칸 정도)
※ 핀 우측이 평지이므로 거리 계산을 신중하게 해서 겨냥한다.

클럽 선택과 스윙
피팅 웨지, 10시 스윙 사이즈
맞바람이라 평지 그린에 떨어져도 런 발생이 적으므로 103m 캐리로 다 봐줌
좌측으로 당겨지지 않게 주의

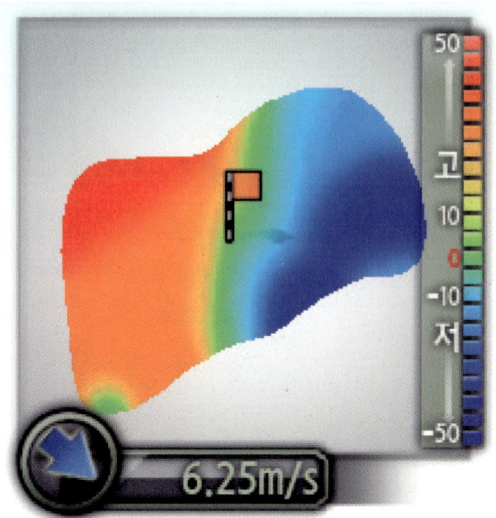

조건
    남은 거리 38.8m + 0.67m
    바람 6.25m/sec(→ 짧은 거리라 바람 영향 없음)
    거리 조절에 실패하면 심한 옆라이 경사 퍼팅이 남음

거리 계산
    33.8m + 0.67m ≒ 34.47m

방향
    핀 우측 2m(우측 3칸 정도)
    ※ 조금이라도 짧거나 길면 심한 옆라이 퍼팅이 남게 되므로 1m 정도 우측, 0.5m 정도 짧게 해서 높은 탄도의 칩샷을 구사해 오르막 퍼팅이 남도록 전략적인 어프로치가 필요

클럽 선택과 스윙
    60도 웨지로 높은 탄도, 8시 스윙 사이즈
    ※ 56도 웨지 기준 40m 정도 사이즈

조건
남은 거리 42.32m + 2.26m
바람 6.06m/sec(바람 영향 없음)

거리 계산
42.32m + 2.26m ≒ 45m - 1m

방향
직선으로 1m 정도 짧게
※ 어프로치가 길면 계산하기 어려운 내리막
  퍼팅이 남게 되므로 1~2m 짧게 해서 오르막
  퍼팅이 남게 하는 전략적인 어프로치가 필요

클럽 선택과 스윙
56도 웨지로 8시 30분 스윙 사이즈

조건
남은 거리 74.1m + 0.9m
바람 5.96m/sec
거리 조절에 실패하면 옆라이 경사 심함

거리 계산
74.1m + 0.9m − 2.5m − 1m ≒ 71.4m

방향
그대로(약간 좌 → 우 바람 있으므로)
※ 핀을 바로 공략할 경우 거리 조절에 실패하면 심한 옆라이 퍼팅이 남게 되므로 약간 우측으로 보고1~2m 짧게 공략하여 오르막 퍼팅이 남게 하는 전략적인 어프로치가 필요

클럽 선택과 스윙
56도 웨지로 높은 탄도로 10시 스윙 사이즈
스윙 템포와 백스윙 사이즈에 신경을 써서 2~3번의 연습 스윙 이후 자신 있게 스윙

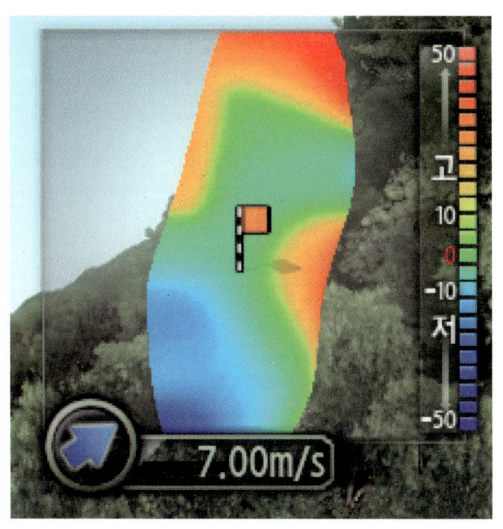

조건

남은 거리 74.1m + 0.9m
바람 5.96m/sec
거리 조절에 실패하면 옆라이 경사 심함

거리 계산

74.1m + 0.9m − 2.5m − 1m ≒ 71.4m

방향

그대로(약간 좌 → 우 바람 있으므로)
※ 좌우 앞뒤 1m 이상 벗어나면 계산하기가 어려운 옆라이 퍼팅이 남음. 이런 경우는 핀을 바로 보고 적극적으로 공략하는 것이 바람직

클럽 선택과 스윙

56도 웨지로 높은 탄도로 10시 스윙 사이즈
스윙 템포와 백스윙 사이즈에 신경을 써서 2~3번의 연습 스윙 이후 자신 있게 스윙

조건
남은 거리 98.7m + 3.6m
바람 6.90m/sec
짧으면 내리막 옆라이 남을 가능성 있으므로 3~4m 길게 공략

거리 계산
98.7m + 3.6m + 6.90m + 3m ≒ 112.2m

방향
우측 4칸 정도
※ 약간 우 → 좌 바람 있고, 그린 지형 감안해서 약간 우측으로 3m 정도 길게 공략

클럽 선택과 스윙
피칭 웨지로 약간 높은 탄도로 11시 스윙 사이즈
스윙 템포와 백스윙 사이즈에 신경을 써서 2~3번의 연습 스윙 이후 자신 있게 스윙

에이프론에 주의하자!!

에이프론에 볼이 떨어지면 잔디의 영향으로 바운스와 런이 많이 발생한다.

- 티샷이나 세컨샷이 에이프론에 최초 떨어져서 바운스 될 경우, 에이프론이 그린에 비하여 잔디가 길어 쿠숀이 있는 관계로 더 크게 바운스 되고 백스핀이 적게 먹는 관계로 런 또한 더 많이 발생한다.
- 계산보다 더 짧았는데 공교롭게 에이프론을 맞고 바운스와 런이 발생하여 홀컵을 훨씬더 지나가는 경우가 많이 발생한다.

짧은 어프로치(20m이내)시 볼이 에이프론에 떨어지면 런이 적게 발생한다.

- 20m 이내의 짧은 어프로치시 볼이 최초 에이프론에 떨어져서 바운스 될 때는 오히려 잔디가 쿠션을 흡수하여 바운스와 런이 아주 적게 발생하는 경우가 있다.

퍼팅시 에이프론은 잔디저항이 커서 볼이 적게 구른다.

- 퍼팅시 볼이 에이프론지역을 지나가는 경우가 종종 있는데 에이프론지역은 잔디저항이 일반 그린에 비하여 커서 에이프론 1m당 0.5m를 추가하여 거리를 계산하여야 한다.
  예) 볼에서 홀컵까지 20m (18m구간은 그린, 2m구간은 에이프론 지역)
     = 18m + 2m + 2m*50% = 21m
  평지기준 0.5m는 지나가게 해야 홀인 될 수 있으므로 21.5m에서 22m정도의 퍼팅을 해야 한다.
- 에이프론지역이 오르막이면 저항이 더 커지므로 1m당 50%이상을 거리에 반영해야 한다.

러프도 종류가 있다.(일반러프, 헤비러프, 억새풀지역)

러프로 종류가 여러 가지가 있고 골프존의 비젼시스템을 이용할 경우 러프메트에서 샷을 할지라도 긴러프에서는 러프메트의 자연저항 외에 추가 저항이 있어 러프별로 거리도 달리 반영해야 하고, 러프에 감겨서 악성 훅볼이 발생할 가능성이 높으므로 주의하여야 한다.

일반러프

- Semirough(세미러프) 너무 길지도, 너무 짧지도 않게 조성된 러프로 퍼스트 컷 러프(First cut rough)라 부르기도 한다.
- 러프매트의 자연저항만 반영하면 된다. 볼 컨텍을 정확하게 할 경우 실거리만 계산하면 되지만, 그렇지 않으면 거리가 많이 짧아질 가능성이 높으므로 스윙에 주의하여야 한다.

헤비러프

- Second cut rough(세컨드 컷 러프) 퍼스트 컷(First cut rough) 보다 더 길게 자라 있는 러프, 세컨드 컷 러프는 헤비 러프(Heavy-rough)라 부르기도 한다.
- 러프매트의 자연저항 외에 추가저항이 프로그램상 구현되어있어서 5%에서 10% 정도 거리를 더 반영해야 한다.
- 화면 우측하단의 볼컨디션 화면에 볼이 러프에 감겨있는 모습으로 확인이 가능하다.

억새풀지역

- Flame Grass(프레임 그레스) 강아지풀처럼 키가 큰 풀들이 무성하게 자란 지역을 말한다.
- 러프매트의 자연저항 외에 추가저항이 프로그램상 구현되어 있어서 10%에서 15% 정도 거리를 더 반영해야 한다.
- 화면에 보이는 러프지역에 강아지풀과 같은 잡초들이 무성하게 있는 모습을 보고 알 수 있다.

5

스크린골프
정복하기

GLT/LGLT, GTOUR를 준비한다

예선 통과하기 1

집중적으로 연습하라
(3달간 하루 최소 500개 이상의 연습 볼을 쳐라!!)

- GLT/LGLT 대비 연습을 한 달 동안 일주일에 2번씩 연습(2×4주 = 8회 연습)하는 것보다는 일주일 동안 8회를 집중적으로 연습하는 것이 대회준비에 효율적이다.

- GLT/LGLT에서 좋은 성적을 획득하는 가장 좋은 방법은 열심히 연습하는 것이다. 뼈를 깎는 고통을 감수하고 피나는 연습 없이 전국대회에서 좋은 성적은 있을 수 없다.

- 하루 3시간 연습할 경우 실제 경기만으로 3시간을 사용하는 것보다는 2시간은 연습장, 칩앤펏 및 퍼팅장을 활용하여 연습하는 것이 실력향상에 도움이 된다.

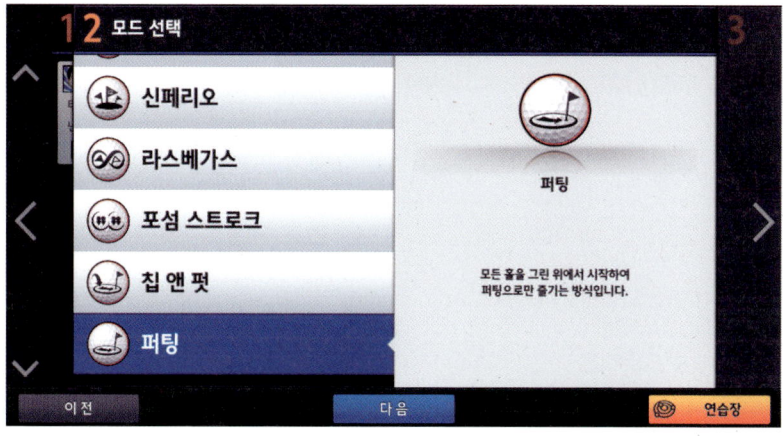

평소 대회 환경에 적응하여야 한다.

대회코스는 항상 최악이다.

- 그린은 가장 빠르게, 바람은 강하게, 프로 모드 등 이런 환경에 평소 잘 적응되어 있어야 한다.
- 평소 아마추어 모드, 바람 강하게, 그린 느리게 등으로 연습하다가 대회 당일 최악의 환경에서 경기를 잘할 수 없기 때문이다.

예선부터 본선과 결선까지 치밀한 일정계획을 세워라!

예선이 시작되기 전에 코스 공략집을 만든다.

- 경기 모드가 아닌 일반 모드로 2~3번 경기하면서 OB, 해저드 지역을 파악한다.
- 2샷을 하기 쉬운 지역을 파악한다.
- 퍼팅하기 유리한 IP 지점을 파악한다.
- 자기만의 공략집을 만들어 기록한다.

> **Tip**
> 대회코스가 최소 2~3달 전에는 공지되므로 대회가 시작되기 전에 코스 및 그린을 사전에 파악하기 위하여 사전 라운딩을 실시하고 코스 공략집을 만든다.
> - 공략집의 모습도 IT가 발전하면서 많은 발전을 해왔다.
> - 2010년도만 해도 노트에 그린의 모습을 손으로 그리고, 그 위에 핀 위치를 표시해 놓고 어느 지점에 2샷을 보내겠다는 정도만 표시하는 공략집을 만들었다.
> - 2011년도에는 리얼로 GLT/LGLT 대회가 바뀌면서 미들 홀에서 2샷 시 그린 모습이 화면 우측 상단에 표현되면서 굳이 그린 맵을 만들 필요가 없어졌다. 하지만 내 공이 홀컵 가까이 있을 때 그린이 가장 상세하게 보이기 때문에 아직도 디지털카메라 또는 화면 캡처 기능을 이용하여 그린 맵을 만드는 마스터도 있다.

모든 게임 직전에 몸은 충분히 풀어라!

아무리 예선경기라도 매 경기 시작 전에 몸을 충분히 푸는 것은 필수다.

- 골프 경기는 육상과 같이 단순히 빨리만 달리는 기록경기가 아니고 웨지의 정교한 거리, 아이언의 정교한 방향과 거리감, 드라이버의 장타력과 방향성 및 18홀 동안의 집중력 등이 혼합된 종합예술 경기이다.
- 평소에 연습을 많이 하여 기본적인 실력이 좋다고 해도 시합 직전에 몸풀기를 실패하면 좋은 성적을 기대하기 어렵다. 학창시절 평소에 공부를 열심히 하여 공부를 잘하는 학생도 시험 직전에 마무리 공부를 실패하면 좋은 성적을 못 받는 것과 같은 이치다.

경기 시작 전 준비(몸 푸는) 순서

❶ 웨지 5m 단위로 끊어서 10m부터 점차 거리를 늘려 풀스윙까지 연습

- 연습을 시작할 때 드라이버나 롱 아이언을 잡으면 몸이 풀리지 않은 상태에서 과도한 힘이 들어가 몸에 무리가 갈 수 있다. 연습 시작은 웨지부터 시작하는 것이 몸건강에도 좋다.
- 경기를 쉽게 하는 방법은 어프로치를 홀컵에 가까이 붙여서 부담 없는 버디 퍼팅을 하는 것이다. 어프로치가 핀에 잘 붙는 날은 스코어도 좋기 마련이다.
- 프로도 하루 연습량에서 가장 많은 비중을 차지하는 부분이 어프로치다. 그만큼 좋은 성적에 필수적인 부분이다.
- 56도, 52도 등 웨지마다 하프 스윙, 80% 스윙 시 정확하게 보낼 수 있는 기준 거리를 만들어 놓으면 그 기준 거리를 중심으로 백스윙을 늘리고 줄여서 나머지 거리도 컨트롤하기 용이하다.

❷ 미들 아이언부터 롱 아이언까지 방향성과 거리 확인

- 개별 시스템마다 거리가 약간씩 다를 수 있고, 매트 등에 따라 거리가 조금씩 다를 수 있으므로 좋은 성적을 만들기 위해서는 모든 채는 아닐지라도 홀수 또는 짝수로 채마다 거리를 확인할 필요가 있다.
- 골프는 민감한 운동이기 때문에 그날 몸 상태에 따라서도 거리가 달라진다.
- 채마다 기준 거리표를 만들어 놓고 점검하는 형태가 시간도 적게 들고 체력소모도 막을 수 있다.

❸ 드라이버 방향성과 탄도 확인

- 드라이버의 기본적인 거리와 방향성을 확보하지 못하면 좋은 스코어는 기대하기 어렵다. 초반의 드라이버 OB 한 번에 18홀 경기 전체를 망치는 경우도 많다.

- 경기 시작 전 연습장 모드에서 드라이버 샷을 4~5번 하고 평균 탄도를 점검한다. 가능하면 본인의 평균 탄도를 알고 있어야 하며, 그 탄도에 맞게 시스템 환경을 조정한다(시스템 환경 조정방법 별도 명기).

❹ 퍼터 방향성 점검과 3m부터 15m 정도까지 거리감 확인

기준 거리를 평소에 만들어 두어야 한다.

- 백스윙 사이즈를 오른발 안쪽 선까지 하면 5m, 발 바깥쪽 선까지 하면 10m, 발 폭보다 백스윙 사이즈가 커지는 15m 이후는 발 폭 반이 증가할 때마다 5m가 증가하는 방식으로 자기만의 스윙 템포를 만든다. 이렇게 5m 단위로 기준 거리를 만들어 놓고 나머지 기준 거리와 기준 거리 사이는 백스윙 사이즈로 조정하면 크게 거리감에 실패하는 일이 없다.
- 기준 거리 연습을 통해 스윙 템포에 대한 감을 살린다.

❺ 웨지 기준 거리를 3~4번, 드라이버 3~4번 샷 점검

- 4번까지 연습하면 모든 준비는 끝났지만 연습 앞부분에서 실시한 웨지 거리와 드라이버를 몇 번씩 더 쳐 감각을 최상의 상태로 유지한다.

시스템 특성을 충분히 파악하라!

동일 매장의 골프존 시스템이라도 시스템별로 탄도와 비거리가 다를 수 있으므로 연습장 모드에서 몸을 풀 때 최소 드라이버, 7번 아이언 및 웨지의 탄도와 비거리 정도는 파악하고, 그리고 나에게 적합한 환경으로 만들어 놓고 경기를 시작해야 된다.

드라이버 탄도 조정

- 가급적이면 결선을 치르는 대회장 시스템의 탄도와 유사하게 설정하는 것이 좋다.

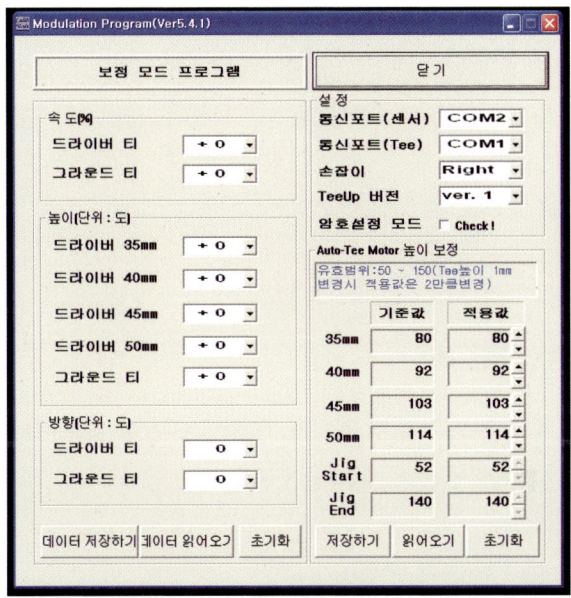

속도

- 드라이버 티 +0 → +11 ~ +13 : 드라이버 스피드를 인위적으로 올려줌
- 그라운드 티 +0 → +1 ~ +3 : 페어웨이 우드, 아이언의 스피드를 인위적으로 올려줌

높이

- 35~50m +0 → -5 ~ +5 : 드라이버 티샷의 탄도를 인위적으로 낮추기도 하고 높이기도 할 수 있음
- 시스템과 매트의 특성으로 아이언의 탄도와 비거리가 약간씩 달라질 수 있다.

> **Tip**
> - 오르막이 심하고 장애물이 많은 골프장은 드라이버의 탄도를 높게 설정하는 편이 거리도 많이 낼 수 있고, 장애물도 쉽게 넘기는 샷이 가능해 유리하다.
> - 페어웨이가 평탄하고 좁은 골프장은 바람의 영향을 적게 받으면서 장타를 칠 수 있는 다소 낮은 탄도로 드라이버를 설정하는 것이 유리하다.

- 아이언의 탄도는 시스템에서 가급적 만지지 않는 것이 좋다. 그라운드 티의 탄도를 조정하면 퍼팅 시 탄도가 발생하여 어려움을 겪을 수 있다.
- 지나치게 매트가 새것이면 매트의 탄성이 과하여 거리와 방향성이 나빠질 수 있다.
    - ▶ 적지 않은 마스터는 본선과 결선 시 사용하는 동일한 매트를 구매하여 소장하는 경우도 많다.

한 번에 3게임 정도씩

일반적으로 첫 게임보다 둘째 게임에 스코어가 더 잘 나오는 경우가 많다. 체력이 되는 사람은 세 번째 게임이 더 좋을 수도 있다.

스윙 플레이트가 없는 방도 유리할 수 있다.

예선 경기가 끝이 아니기에, 필자가 적극 권하는 것도 아니지만 열심히 했는데도 불구하고 예선 통과가 어렵다면 스윙 플레이트를 정지시켜 놓고 경기하는 것도 한 방법이다. 하지만 예선 경기를 하면서 페어웨이의 언듈레이션을 파악하는 등 본선과 결선 대회를 준비하는 의미가 있기 때문에 가급적 스윙 플레이트는 움직이는 상태에서 경기하는 것이 좋다.

좋은 매트(잔디 상태가 좋아야!)

새 매트는 찍어 치는 어프로치 시 거리가 많이 나가 거리 조절 어려움이 있다.

너무 낡은 매트는 반발력이 떨어져 어프로치 거리가 감소하므로 컨트롤 샷이 어려울 수 있다.

예선은 단기간에 통과하고 본선과 결선 준비기간을 충분히 가져라!

예선은 프론트 티에서 하지만, 본선과 결선은 백 티에서 한다.

- 따라서 아무리 예선 때 열심히 준비해도 본선과 결선에서 좋은 성적을 낸다고 보장하기 어렵다. 예선을 집중적으로 준비해서 빠른 기간 내에 통과하고, 백 티에서 본선과 결선을 누가 먼저 준비하느냐에 따라 우승에 한발 더 가까이 간다.

- 예선에서는 미들 홀 웨지로 2샷을 했고, 쇼트 홀에서 미들 아이언으로 샷을 했다면 본선과 결선에서 미들 홀 2샷을 7번, 5번과 같은 미들 아이언 또는 롱 아이언으로 샷을 하고, 쇼트 홀에서는 롱 아이언으로 샷을 한다.

- 로우 핸디 골퍼 중에 아마 쇼트 아이언보다 롱 아이언이 쉬운 사람은 없을 것이다. 그래서 예선을 빨리 치루고 본선과 결선을 준비해야 한다.

GLT 7월 우승자

GLT 8월 우승자

GLT 9월 우승자

2013시즌 BRIGESTONE PHYZ 7월 GLT 전국결선 참가선수 단체사진

지역결선 및 전국결선 준비하기!

사전에 대회장 및 시스템 환경을 파악하라!

방 배정이 되고, 환경이 허락한다면, 전날 대회장을 방문하여 대회가 있을 방에서 한 경기를 해보는 것이 좋다.

- 시스템의 특성도 파악하고 조명, 매트 상태 등을 점검한다.
- 미진한 부분이 있으면 골프장 측에 요청하여 사전에 개선하는 것이 좋다.

> 특히 드라이버 탄도가 나오지 않으면 전날 골프장 측에 이야기하여 센서를 교체하는 방법도 있고, 교체 수준이 아니라면 시합 당일 모든 선수가 오면 합의해 대회 운영진에게 요청하여 시스템 탄도를 조절할 수 있다.

시합 당일 아침 점검사항

매트 상태

- 지나치게 오래된 매트는 어프로치 거리가 너무 차이가 나서 좋은 성적을 내는 데 방해가 되므로 경기 진행위원에게 요청해 교체해야 한다.

티 상태

- 가끔 티가 찢어져서 방향이 약간씩 틀어진 경우가 있는데 이는 드라이버 탄도와 방향에 영향을 미친다.
- 그리고 오토 티인 경우 매트는 표준규격이기 때문에 티가 매트에 있는 티 홀 정중앙에 있어야 되는데, 간혹 티 위치가 변형된 경우도 있다. 이런 경우도 비거리와 방향성에 미묘한 영향을 미친다.

배정받은 방에서 클럽별 비거리

- 시합 당일은 가급적 2시간 전에 도착하여 클럽별로 비거리를 점검하면서 몸을 충분히 풀어주는 것이 좋다.

드라이버 탄도

- 시스템마다 드라이버 탄도가 다르므로 문제가 없는지 반드시 점검하고, 이상이 있을 경우 동반자와 합의해 대회운영진에 수정을 요청한다.

퍼팅 방향이 바로 나가는지

- 퍼팅 방향에 이상이 있는 시스템은 거의 없지만 매트의 공 놓는 자리 홈이 정중앙이 아니라 약간 삐뚤어진 자리에 있어 공이 밀리거나 당겨지는 경우가 있다. 이런 경우에도 매트 교체를 요청해야 한다.

조명 상태

- 가끔은 조명 상태가 너무 어두워 공이 잘 보이지 않는 경우도 있고, 공을 비추는 스포트라이트가 머리 바로 위에 있어 퍼팅 시 내 머리 그림자로 인해 공을 정확하게 볼 수 없는 경우도 있다.
- 전체적으로 어두우면 조명등 교체를 요구하고, 퍼팅 시 그림자로 인한 것은 방 교체를 요구한다.

나만의 클럽별 거리표를 믿고 자신 있는 샷을 하라!

전국대회 본선과 결선이 시작되면 긴장하기 마련이다. 평소 자주 사용하던 7번 아이언을 90% 스윙했을 때 거리가 얼마나 나갔지? 머릿속이 하얗게 변하면서 아무 생각도 나지 않는다. 얼떨떨하게 있다가 대충 샷을 해 엄청나게 짧은 샷을 하고 만다.

그래서 평소에 자기만의 클럽별 거리표를 꼼꼼하게 만들어야 한다. 본선과 결선 시 자신 없으면 바로 거리표를 꺼내 참조하고, 믿음과 자신감으로 샷을 하면 실수를 줄일 수 있다.

차분하게 경기에 임하라!

- 오비는 절대 내지 않는다.
- 어프로치를 붙이면 버디, 못 붙이면 파세이브로

> **Tip**
> 2~3번의 연습 스윙은 몸을 경직된 상태에서 풀어 주고 미스 샷을 줄인다.

2012 GTOUR 필자 우승

스크린골프 정복하기

골프의 벌타 규정

1 전반적으로 적용되는 벌타

골프는 매너 운동이다. 벌타 규정을 간단하게 말하면, 매너 없는 행동을 하면 2벌타, 실수로 잘못하면 1벌타이다!!!

골퍼가 가장 싫어하는 오비도 실수이기 때문에 1벌타이다. 벌타 1점에 공을 다시 한 번 더 치는 것 1점, 그래서 2점 플러스된다.

매너 없는 행동 2벌타, 실수는 1벌타라는 것을 상기하면서 아래 벌타 규정을 보면 이해가 될 것이다.

상 황	벌타	참 고
공에 영향을 주는 행위	2	
채 14개 이상 소지 또는 채 차용	2	홀당 2벌타, 18홀에 최고 4벌타

티잉 그라운드에서 벌타 2

상 황	벌타	참 고
타순이 틀렸다	0	다시 치면 안 됨. 그대로 경기 계속
티 구역 밖에서 쳤다	2	반드시 티 구역에서 다시 쳐야 함
티에 올린 공을 떨어뜨렸다	0	벌 없이 다시 티업
티샷한 볼이 헛스윙으로 그대로 있거나, 볼이 티에서 떨어진 경우	1	벌점 없이 헛스윙 1타, 그 상태에서 2타를 친다. 다시 티샷을 하려고 볼을 만지면 3타의 벌점(만진 벌 1점, 리플레이스를 하지 않은 벌 2점)
스윙하기 전에 헤드로 조정하다 볼이 떨어진 경우	0	인플레이 전 상태이기에 다시 티샷
분실구 또는 OB 공	1	친 자리에서 제3타를 친다.
몇 번 채로 쳤나 물어보면	2	이것은 조언을 구한 것이 된다.
티샷에 방해가 되어 티잉 그라운드의 잔디를 뽑았다.	0	인플레이 전이기 때문에 무벌 (티잉 그라운드에서만 허용)
칠 공의 방향을 확인하기 위하여 모자 혹은 클럽으로 표시해 놓고 볼을 쳤다.	2	표시는 샷 전에 없애야 한다.

세컨샷에서 벌타 3

상 황	벌타	참 고
백스윙 때 볼이 움직임	1	어드레스 후에 움직이면 1벌타 볼이 정지한 다음 경기 계속 진행
플레이 중 앞 조가 밀려 있어 볼을 꺼내 연습	2	플레이 중에는 연습 스트로크를 할 수 없음 (단, 연습 스윙은 무관)
단, 홀 아웃한 후 그린에서 또다시 연습 퍼팅을 하면	0	종료한 그린이라면 무방
경기선이나 공의 라인을 개선하면	2	공 뒤를 밟거나 채로 눌러서는 안 됨
스탠스 장소를 만들면	2	발밑에 돌 같은 것을 고여서는 안 됨
클럽 헤드로 치지 않으면	2	헤드 뒷면은 무방
공이 채에 두 번 맞으면	1	친 것까지 합 2타
움직이고 있는 공을 치면	2	물속에서 움직이는 공은 무방
자기 공을 움직이면	1	제자리에 놔야 한다. 그렇지 많으면 2벌타
어드레스 후에 공이 움직이면	1	제자리에 놔야 한다. 그렇지 많으면 2벌타
자연 장애물을 치우다 공이 움직이면	1	제자리에 놔야 한다. 그렇지 많으면 2벌타
볼이 벙커 고무래에 걸려 있어 이를 치우다 볼이 움직임	0	움직일 수 있는 인공 장애물은 움직일 수 있음. 만약 볼이 움직이면 원위치에 플레이스함
인공 장애물을 치우다 공이 움직이면	0	제자리에 놔야 한다. 그렇지 많으면 2벌타
볼 근처에 있는 작은 나뭇가지를 치우다가 볼을 움직임	1	원위치에 플레이스하고 침
동반 경기자가 공을 움직이면	0	제자리에 놔야 한다. 그렇지 많으면 2벌타
국외자가 공을 움직이면	0	제자리에 놔야 한다. 그렇지 많으면 2벌타
자기가 친 공에 맞으면	2	멈춘 자리에서 그대로 친다.
공이 자기 캐디나 백에 맞으면	2	멈춘 자리에서 그대로 친다.

상 황	벌타	참 고
공이 동반 경기자, 그의 캐디나 백에 맞으면	0	멈춘 자리에서 그대로 친다.
공과 공이 충돌하면	0	멈춘 자리에서 그대로 친다.
드롭한 볼이 경사진 OB 안으로 굴러 들어갈 경우	0	벌 없이 다시 드롭
두 번 드롭해도 볼이 굴러서 규정된 범위를 벗어날 때		두 번 드롭해서 볼이 멈추지 않을 때에는 두 번째 드롭할 때 볼이 떨어진 지점에 놓고 플레이함
드롭 방법이 틀렸으면	1	치기 전에 시정하면 무벌
2개의 볼이 같은 장소에 떨어져 있으며, 상표와 번호가 같은 경우	1	판단이 안 될 때에는 2개 모두 분실구로 처리, 2명이 다시 원위치에서 플레이
OB 말뚝에 접해 있어 말뚝을 뽑고 침	2	플레이어블로 처리됨
언플레이어블 볼	1	동반 경기자의 동의 필요 없음
페어웨이에 고인 물에 볼이 있을 때	0	캐주얼 워터이므로 홀에서 가깝지 않고 볼에서 가장 가까운 1클럽 길이 이내에서 드롭
볼이 배수구에 들어가 없어졌을 때	1	로컬룰로 특별히 명시하지 않은 경우 워터 해저드로 처리
닦아서는 안 될 때 공을 닦으면	1	

177

워터 해저드, 병행 워터 해저드에서 벌타

상 황	벌타	참 고
워터 해저드에 공이 들어가면	1	병행 워터 해저드 포함
워터 해저드에 들어갔으나 물이 없어 볼을 칠 경우	0	무벌타로 칠 수 있다.
물에서 흘러가는(움직이는) 볼을 칠 경우	0	볼이 수중에 있을 때에 한하여 움직이고 있는 볼을 쳐도 된다.
워커 해저드 위에 연결된 다리 위에 볼이 있을 경우		워터 해저드 안 볼이므로 칠 수 있다. 칠 수 없으면 워터 해저드 처리
모래나 땅 또는 물에 접촉하면	2	
자연 장애물에 접촉하거나 치우면	2	나뭇잎, 솔방울, 돌 등에 접촉하거나 치우면
인공 장애물에 접촉하거나 치우면	0	담배꽁초, 비닐 등을 치우다 공이 움직여도 무벌
채나 백을 놓으면	0	테스트나 라이 개선이 아니면 됨
백스윙을 하다 모래나 물에 닿으면	2	다운 스윙부터 치는 동작으로 간주
공이 연못에 들어간 증거가 없는데 들어간 것으로 처리하면	2	
공이 나가지 않았는데 처음에 친 자리를 메우면	0	다음 타 라이 개선이 아니라면 된다.
나뭇잎에 덮였으나 공 일부가 보일 때 나뭇잎을 치우면	2	공이 전혀 안 보일 때 일부가 보일 정도까지 치우는 것은 무방

벙커에서 벌타 5

상 황	벌타	참 고
임팩트 시 외에 클럽 헤드가 모래에 접촉될 경우	2	임팩트 시 외에 모래 등에 접촉하면 벌타
벙커 샷 시 헛스윙하여 클럽 솔이 모래에 닿았다.	1	샷으로 간주하고 헛스윙 1타만 카운트한다.
치기 전에 벙커 내의 모래면을 평평하게 개선	2	
벙커 내 작은 나뭇가지나 돌을 주우면	2	자기 볼이 벙커 내에 있을 경우, 벙커 내 나뭇가지나 돌 등을 주우면 안 된다.
볼이 모래 속에 파묻혀 있어 제대로 분별하기 곤란한 경우		볼 일부분이 보이는 범위 내에서 손으로 모래를 제거해도 좋다. 만일 어디에 파묻혀 있는지 보이지 않을 때에는 분실구가 된다.
깊은 벙커 턱, 또는 칠 수 없는 상태에 있을 경우		언플레이블을 선언하고 1타를 더 받아 홀에 근접하지 않는 2클럽 길이 이내의 동일 벙커 안에서 드롭
벙커에서 친 볼이 그린 위 타인의 볼에 맞았을 경우	0	맞힌 볼은 정지한 곳에서 플레이, 그대로 홀 안에 들어가면 홀인, 맞은 볼은 원위치한다.

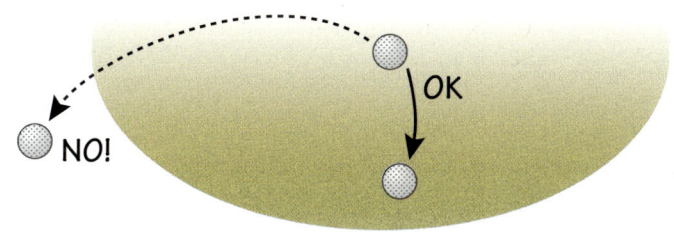

퍼팅 그린에서 벌타 6

상 황	벌타	참 고
그린에서 친 공이 잡고 있거나 빼놓은 깃대에 맞으면	2	
그린에서 친 공이 깃대를 잡고 있는 사람에 맞으면	2	
그린에서 친 공이 동반 경기자 공에 맞으면	2	상대방 볼은 원위치
그린 밖에서 친 볼이 그린 위에 있는 다른 볼에 맞았을 때	0	맞힌 볼은 정지한 곳, 맞은 볼은 원위치 하여 플레이
다른 공이 움직이고 있을 때 치면	2	
그린을 테스트하면	2	
바람에 움직인 공을 그대로 치면	0	
홀 아웃을 하지 않으면	실격	
스파이크 자국을 고치면	2	공 자국과 구멍 자국만 고칠 수 있다.
그린 밖에서 친 볼이 홀과 깃대 사이에 껴 볼은 홀에 들어가지 않은 상태		아직 홀인 상태가 아님, 깃대를 약간 뽑아서 홀에 들어가면 홀인 인정
그린 밖에서 친 볼이 홀에 들어갈 듯싶어서 동반자가 서둘러 깃대를 뽑을 경우		깃대를 뽑은 자가 2벌타
타인의 퍼트 라인을 밟은 경우	0	규칙상으로 벌점이 부가되지 않지만 에티켓상 좋지 않음
퍼팅 시 동반자나 캐디가 목표지점을 가리키고 그곳으로 퍼팅	2	스트로크가 행해지는 동안 플레이 선을 지시하는 표식은 스트로크 전에 제거해야 됨
동시에 친 공이 충돌하면	0	제자리에 놓고 다시 쳐야 한다.

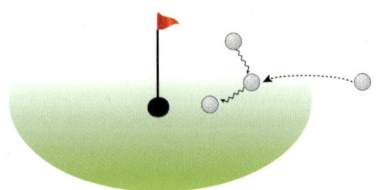
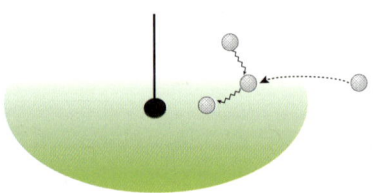

7

스크린골프 마스터
따라 하기

센추리21 CC (리얼) 정복하기

나의 스코어카드   1

센추리21 CC 55타 (-17점) Real

홀	PINE									OUT	LAKE									IN	합계
	1	2	3	4	5	6	7	8	9		1	2	3	4	5	6	7	8	9		
Par	4	3	5	4	4	3	4	5	4	36	4	5	3	4	4	5	3	4	4	36	72
점수	-1	-1	-1	-1	0	-1	-2	-1	-1	27(-9)	0	-2	-1	-1	0	-1	-1	-1	-1	28(-8)	55(-17)
퍼트수	1	1	1	1	/	1	1	1	1	8	2	1	1	1	1	1	1	1	1	10	18
나스모										-											

환경설정

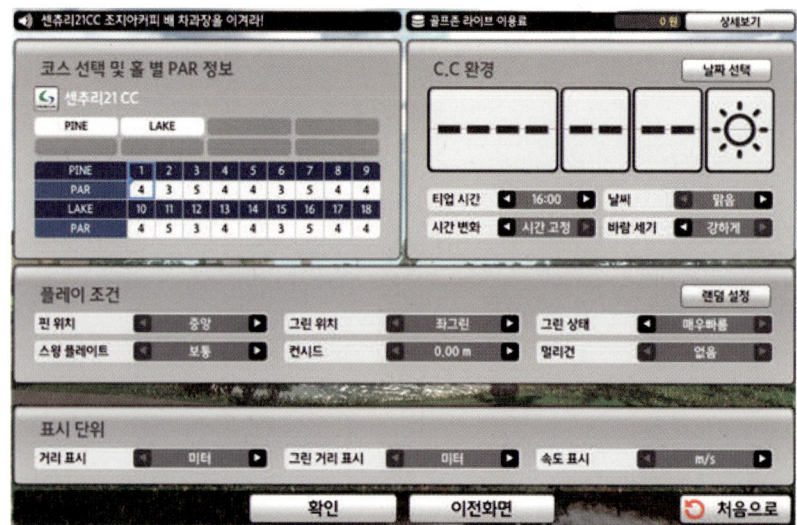

- 센추리21 CC는 스크린골프대회가 많이 개최되는 코스이다. 필자가 스크린에서 라운딩한 실제 기록과 코스공략 내용을 공개함으로써 독자들의 거리와 방향계산능력 향상에 도움이 되었으면 한다.

센추리21 CC 1홀

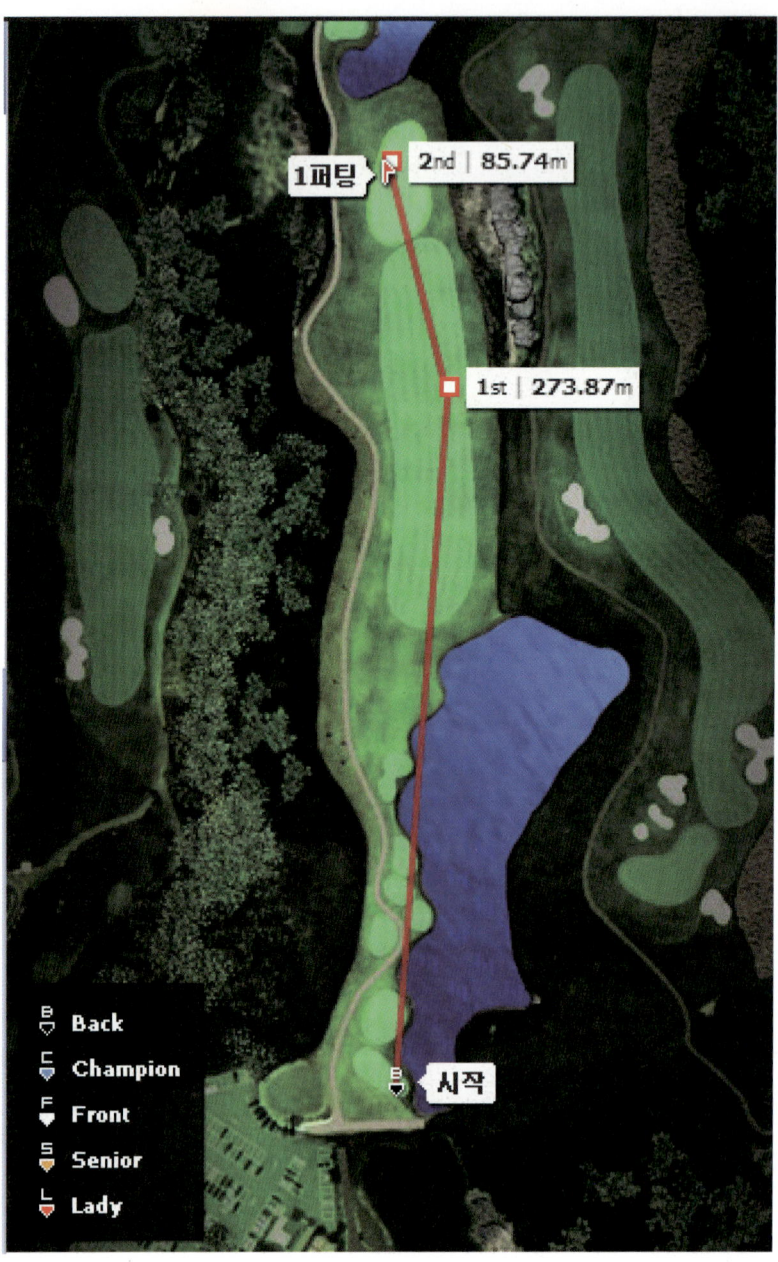

환경

Back Tee	354m
티 그린 높이	4.43m
바람	↑7.5m/sec

공략내용

티샷(약간 우측 과감하게)
  좌측 OB 유, 우측 OB 무
  약간 우측으로 보고 과감하게 티샷
  뒤바람임을 감안 약간 높은 탄도 구사

●: 홀컵   ○: 목표지점
X: 공이 떨어진 위치
※ 목표지점 공략 시 참고하길 바란다.

어프로치(87m + 3.5m)
  그린의 높이까지 감안하면 90.5m
  뒤바람 7.5m/sec 감안 바람 세기의 50% 감소
  (7.5/2 = −3.75, 90.5m − 3.75 = 86.75m)
  혹시 어프로치가 크면 엄청난 내리막이므로 3m 정도 짧게 공략(83.5m)

퍼팅(1.61m + 0.05m, 핀 우측)
  3.11m ≒ 1.61 + 0.5 × 2 + 0.5m
          ≒ 거리 + 높이 × 2 + 0.5m
  ※ 0.5m: 홀컵을 0.5m 지나가게
  0.5번 카운트 = 1.61m(2m가 1번 카운트하므로 약 0.8카운트),
  0.5m(2m당 1번 적게 카운트하므로 −0.25)

결과

버디(2온 1퍼팅)

샷	비거리	위치
1st	273.87	페어웨이
2nd	85.74	그린
3rd	1.61	홀인

센추리21 CC 2홀

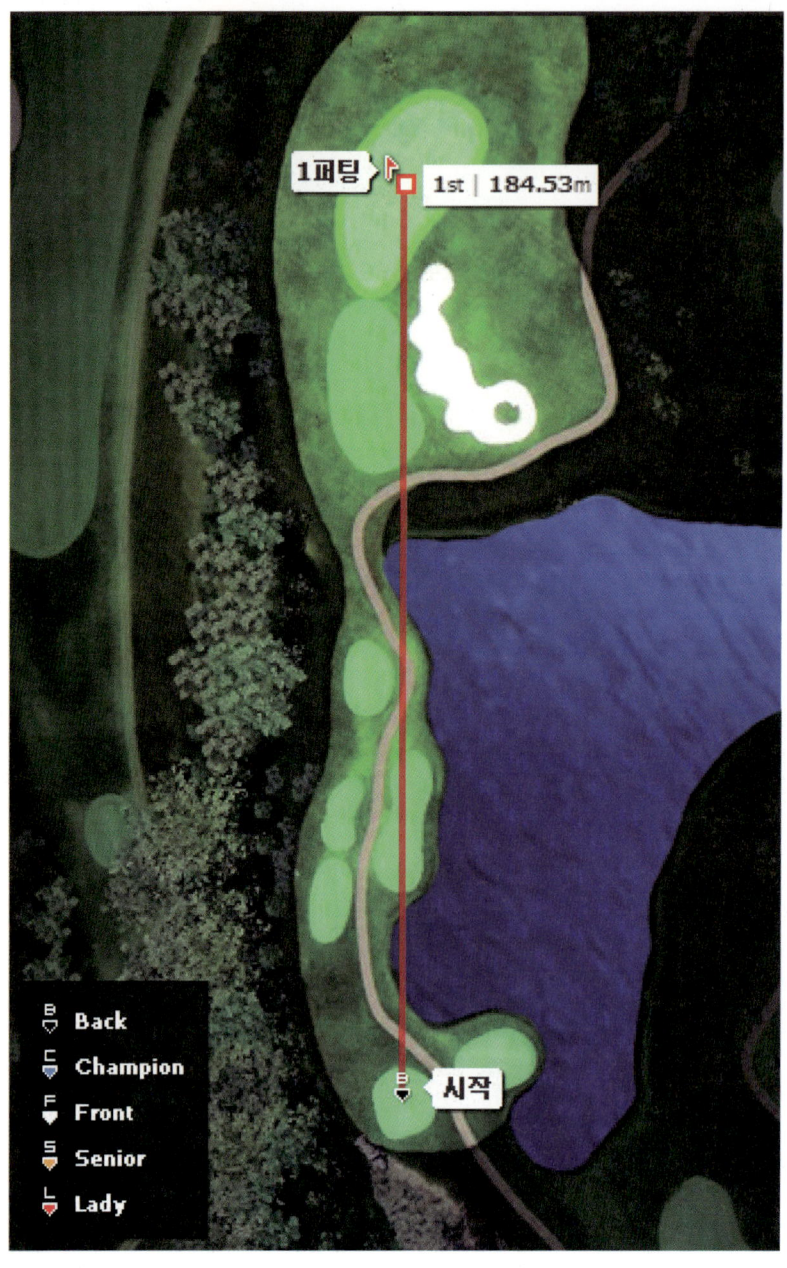

환경

Back Tee	185m – 1.66m
바람	←7m/sec

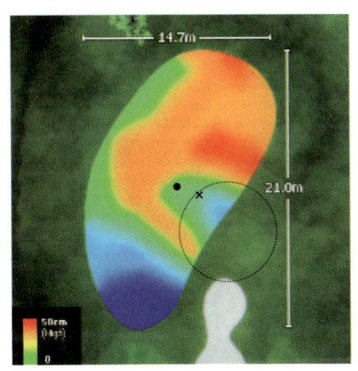

공략내용

티샷(우측으로 짧게 온 그린)

롱 아이언을 선택해야 되는 홀로 홀컵을
과감하게 노리는 것보다는 오르막
퍼팅이 남게 하는 전략적인 샷이 필요

티샷이 좌측으로 밀리거나 핀을 지나가는
경우 3퍼팅 위험

벙커 방향으로 핀보다 2~3m 짧게 공략해서 오르막 퍼팅 또는 온이 안 될
경우 어프로치로 파세이브 전략

티샷 180m ≒ 185m – 1.66m – 3.34m
※ 3~4m 정도 짧게 공략

바람 반영: 우측 화살표 4칸
※ 약간 우측으로 떨어지는 것이 퍼팅과 어프로치에 유리함(오르막 남음)

퍼팅(2.86m + 1.2m)

5.76m 퍼팅 ≒ 2.86 + 1.2 × 2 + 0.5m

1번 카운트 ≒ 2.86(1.43번), 1.2(–0.6)

결과

버디(1온 1퍼팅)

샷	비거리	위치
1st	184.53	그린
2nd	2.86	홀인

센추리21 CC 3홀

환경

Back Tee	553m – 9.38m
바람	↗ 5.5m/sec

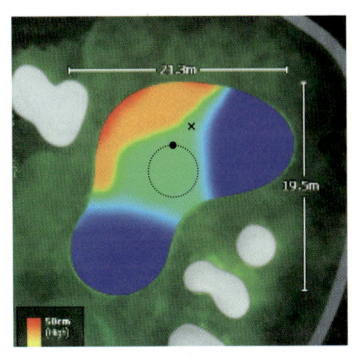

공략내용

티샷(과감하게)

좌측에는 IP 지점 근처에 바위가 있어
어느 정도 감겨도 페어웨이로 내려옴.
우측에는 OB가 없지만 티샷이 밀릴
경우 장애물 및 지형이 낮아 2샷이 어려움.
IP 지점 주변을 양쪽에서 바위가 잡아줌으로
과감한 티샷이 가능함.

2샷(어프로치 거리 고려)

멀리 보내는 것보다는 어프로치 샷을 위하여 페어웨이를 지키는 것이 중요
100m 정도 남기고 52도 웨지로 풀스윙
4번 아이언 샷

3샷(97.2m + 5.7m)

피칭으로 탄도를 높여 컨트롤 샷
약간 좌로 당겨져 2.25m 지나감

퍼팅(2.25m – 0.7m)

1.5m 퍼팅 ≒ 2.25 – 0.7 × 150% – 0.2
1.8번 카운트 ≒ 2.25(1.125번) + 0.7(0.7번)

결과

버디(3온 1퍼팅)

샷	비거리	위치
1st	276.40	러프
2nd	180.09	페어웨이
3rd	99.11	그린
4th	2.25	홀인

센추리21 CC 4홀

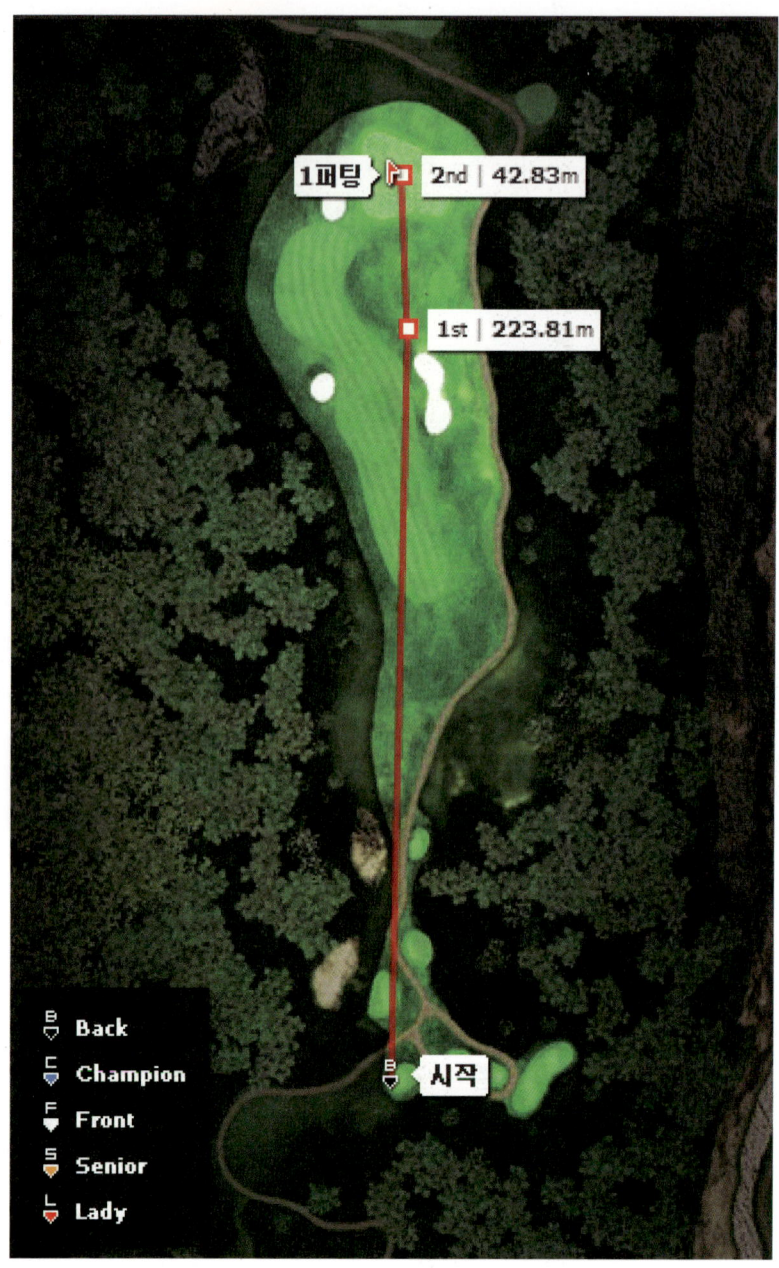

환경

Back Tee	291m + 21.89m
바람	↓ 6.5m/sec

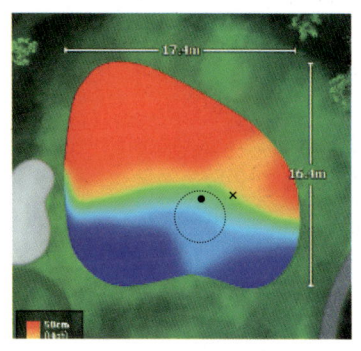

공략내용

티샷(약간 우측으로 과감하게)

비교적 짧은 미들 홀이지만 좌측 페어웨이
겨냥 시 좌측 울창한 숲에 걸릴 수 있음
※ 티 박스에서 티를 우측으로 최대한 이동하고
  시야를 확보한 다음 약간 드로우 구질로
  페어웨이를 지키는 것이 중요하다.

2샷(43 + 5.79m)

좌측으로 당겨질 경우 내리막 경사를 타고 좌측 그린 하단까지 내려갈 수 있음.
결과는 우측 오르막으로 4.3m 올라가 내리막 퍼팅을 남김.

퍼팅(4.3m − 1.5m)

2m 퍼팅 ≒ 4.3 − 1.5 × 150% + 0.2m
3.5번 카운트 ≒ 4.3(2번) + 1.5(1.5번)

결과

버디(2온 1퍼팅)

샷	비거리	위치
1st	223.81	러프
2nd	42.83	그린
3rd	4.30	홀인

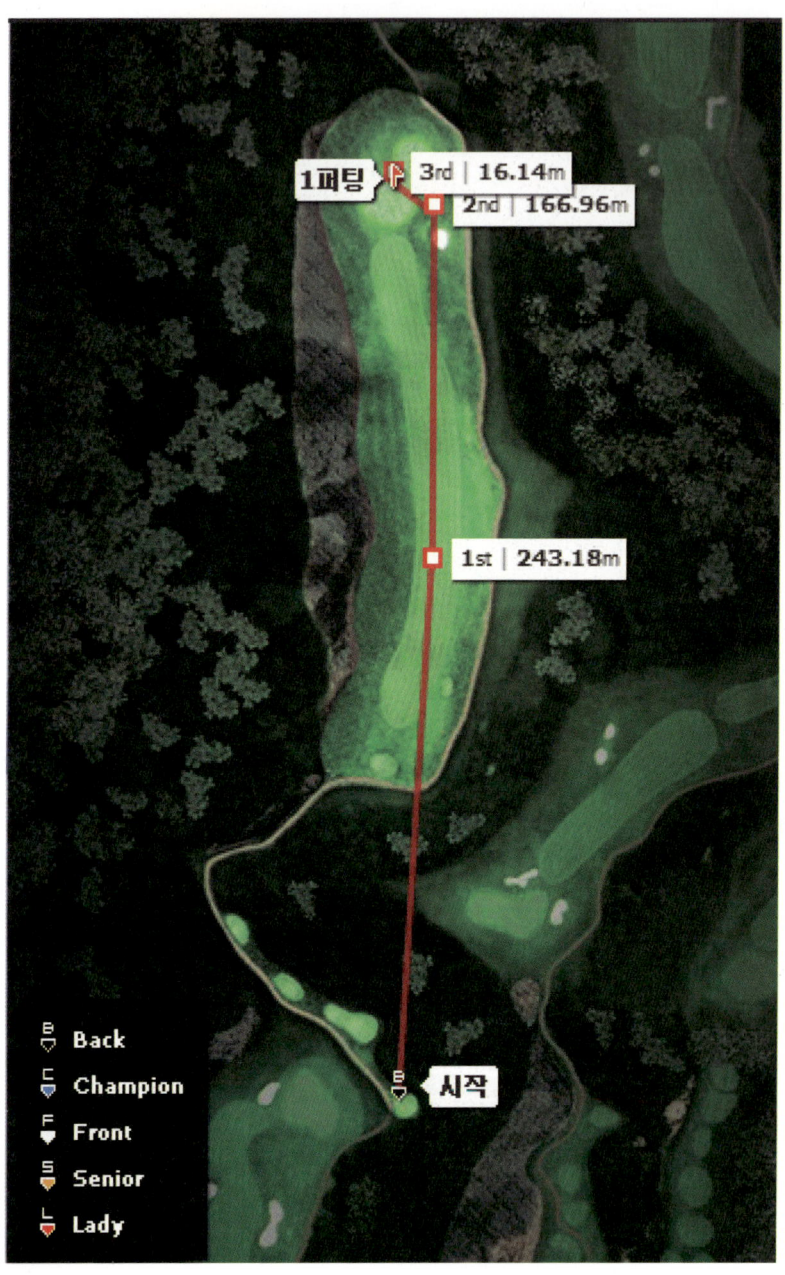

환경

Back Tee	424m + 13.79m
바람	╱ 6.5m/sec

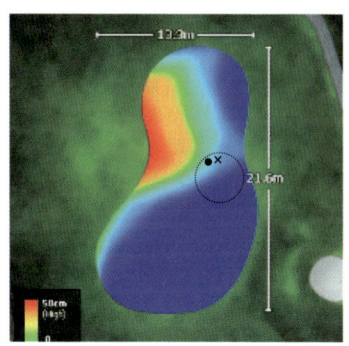

공략내용

티샷(드로우로 과감한 티샷)

상당히 긴 파4홀이라 티샷 거리를 확보 해야만 2샷을 좀 더 편하게 공략할 수 있음.

좌측은 범면이 있어 비교적 안전하나 오비 말뚝이 경사지 밑까지 내려와 있어 훅 구질은 위험.

바람까지 감안해서 페어웨이 우측 끝을 겨냥하고 과감한 드로우 구질로 공략.

2샷(166m + 6m)

그린 오르막 경사가 심하여 좌측 오르막 지역에서 공이 벗어나면 3퍼팅 위험.

바람을 고려해 핀과 우측 끝 중간을 겨냥했으나 밀려서 오르막 러프 지역으로 감.

3샷(16.14m + 2m)

오르막이 심하여 그린에 볼이 떨어지면 과다한 런 발생이 우려되므로 높은 탄도를 구사 볼 스피드 13, 탄도 45

결과

파(3온 1퍼팅)

샷	비거리	위치
1st	243.18	페어웨이
2nd	166.96	러프
3rd	16.14	그린
4th	1.00	홀인

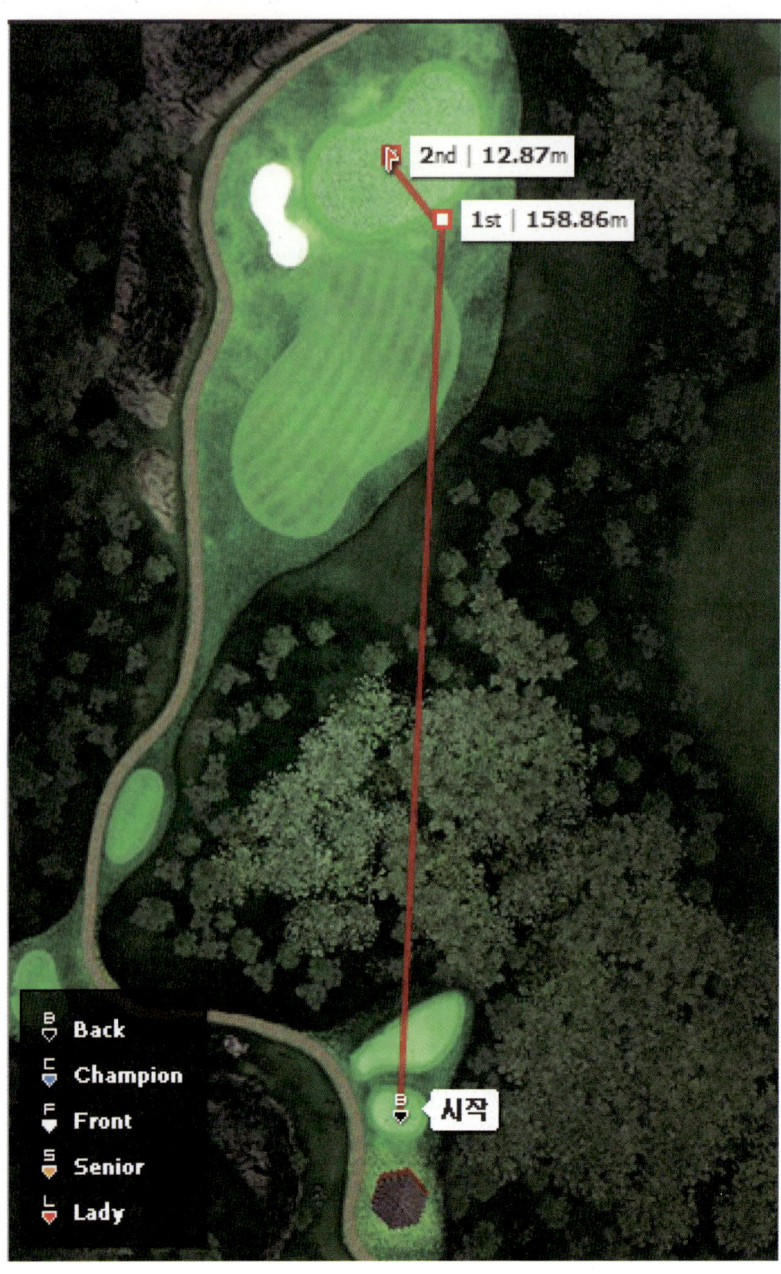

환경

Back Tee	169m – 4.68m
바람	↘ 7.4m/sec

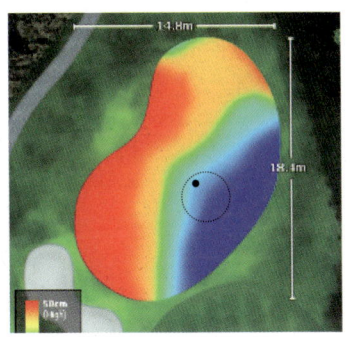

공략내용

티샷(전략적인 공략 필요)

티샷은 우측으로 2~3m 짧게 공략해서 오르막 퍼팅 또는 어프로치가 파세이브 용이.

티샷이 길어 지나가거나 좌측으로 당겨져 내리막 어프로치 또는 퍼팅이 남으면 파세이브가 어려움.

우측 12m 러프 지역에 안착.

2샷(12.87m + 0.8m)

옆라이가 없는 오르막 어프로치라 약간 낮은 탄도로 러닝 어프로치를 구사하여 칩 인 버디 성공.

볼 스피드 11, 탄도 35

결과

버디(2온 0퍼팅)

샷	비거리	위치
1st	158.86	러프
2nd	12.87	홀인

센츄리21 CC 7홀

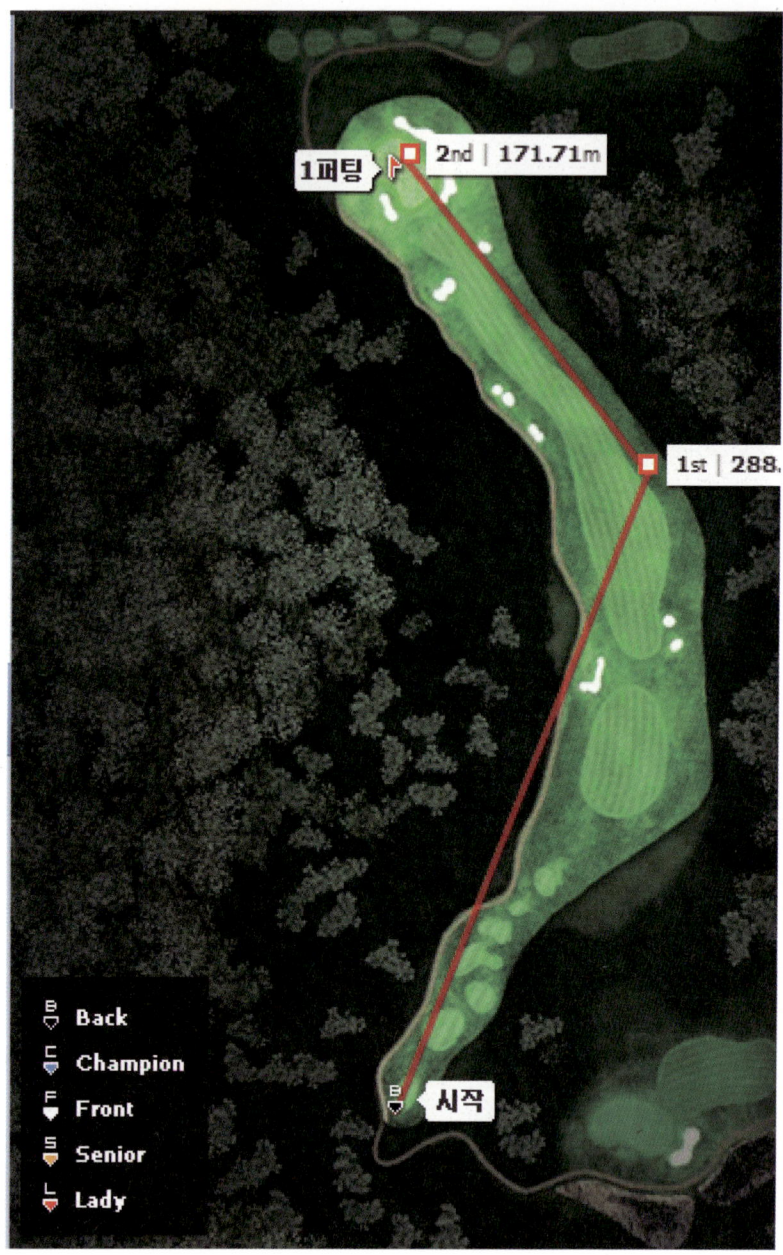

환경

Back Tee	464m – 12.11m
바람	↘ 7.4m/sec

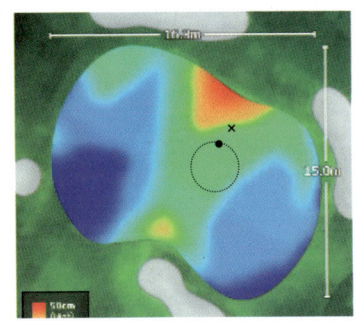

공략내용

티샷(약간 우측으로 과감하게)

비교적 짧은 파5라 티샷 거리 확보 시 이글 가능성이 높음.

티 박스 앞에 나무가 있어 티 위치를 우측으로 최대한 이동하고 페어웨이 우측 끝을 겨냥하고 드로우 샷 구사.

거리욕심에 약간 밀려 우측 러프 지역으로 감.

2샷(171.71m + 1m)

공 쪽이 높은 옆라이 경사라 한 클럽 길게 잡고 부드러운 스윙 구사(5번 아이언)

우측으로 밀려 옆라이 약한 내리막

퍼팅(4.82m – 0.6m)

4.5m 퍼팅 ≒ 4.82 – 0.06 × 150% × 10 + 0.2

8번 3/5 카운트 ≒ 4.82(2.4번) + 0.6(6번) + 0.2(1/5번)

결과 이글

결과

이글(2온 1퍼팅)

샷	비거리	위치
1st	288.56	러프
2nd	171.71	그린
3rd	4.82	홀인

센추리21 CC 8홀

환경

Back Tee	328m + 0.92m
바람	↗ 7.4m/sec

공략내용

티샷(안전하게)

좌우측 모두 OB 있고, 특히 좌로 굽은 홀이지만 좌측 오비가 많음

우측을 많이 보고 드로우 구질 구사

바람에 밀려 우측 러프 지역으로 감

※ 그린 경사가 심하므로 웨지 풀스윙 거리를 남기면
  공을 바로 세우기가 용이함

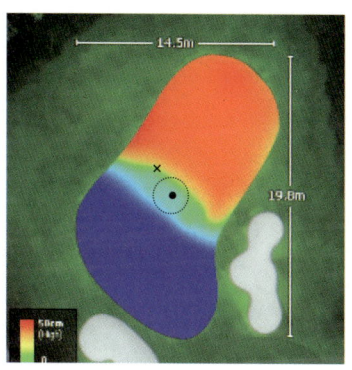

2샷(63.77m + 2m)

좌측으로 떨어질 경우 굴러서 그린 밑까지 내려갈 수 있음(2m 정도 우측 겨냥)

높은 탄도의 구질로 런을 최소화하려 하였으나 우측으로 밀려 IP 지점 벗어남

퍼팅(5.16m − 0.2m)

홀컵을 지나가면 내리막이 심하여 그린을 벗어날 가능성 있음

2.16m 퍼팅 ≒ 5.16 − 0.2 × 150% × 10 + 0

4.5번 카운트 ≒ 5.16(2.5번) + 0.2(2번)

결과

버디(2온 1퍼팅)

샷	비거리	위치
1st	261.71	러프
2nd	63.77	그린
3rd	5.16	홀인

센추리21 CC 9홀

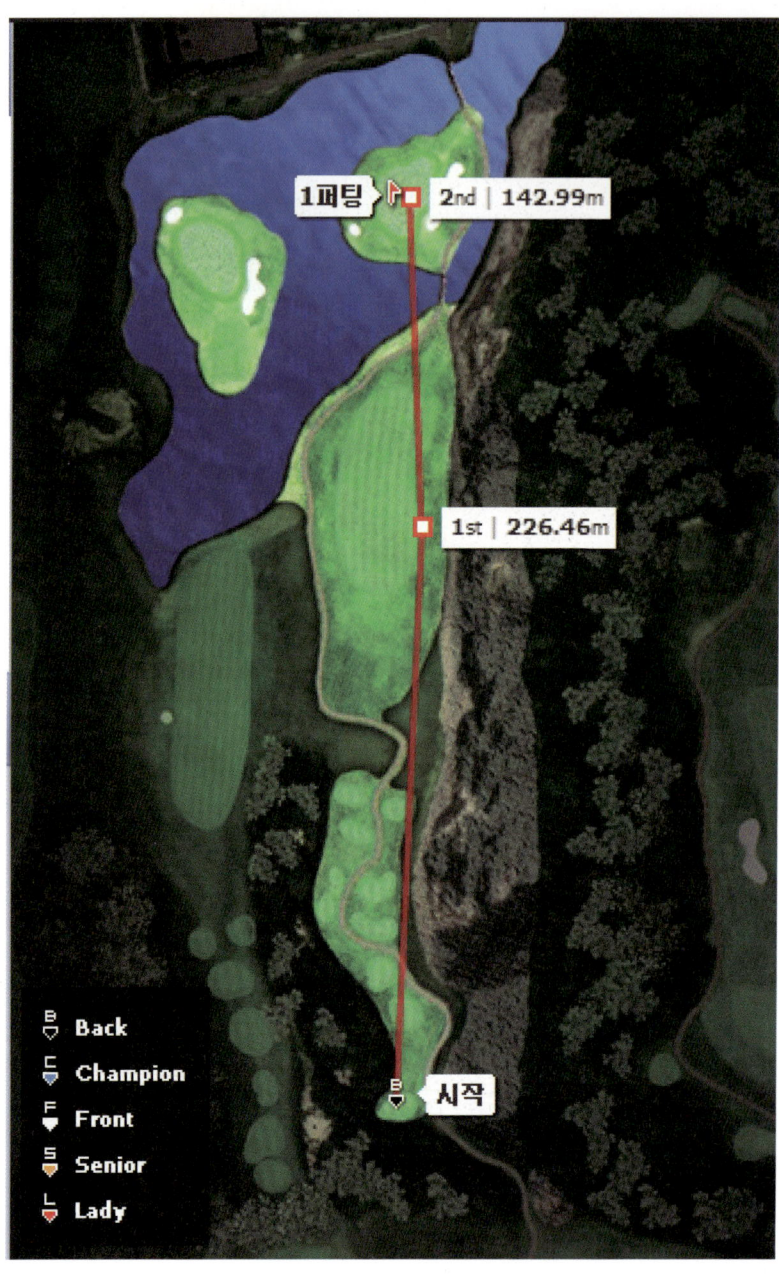

환경

Back Tee	373m − 35.56m
바람	↗ 7.4m/sec

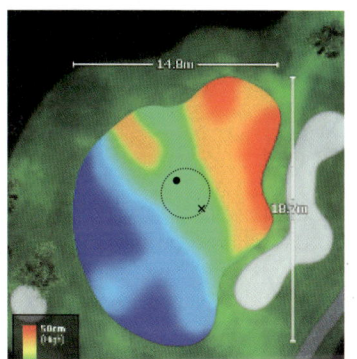

공략내용

티샷(안전하게)

아일랜드 그린으로 티샷 시 해저드를 조심해야
되나 백 티에서는 드라이버 티샷 가능

※ 드라이버 볼 스피드 68까지 가능
  뒤바람 시 65까지, 앞바람 시 70까지 안전

티샷 컨트롤을 실패하여 긴 어프로치 남음

2샷(142.99m − 5m)

우측 4m, 뒤쪽 4m까지 평지이므로
2칸 정도 우측, 1~2m 길게 공략
약간 밀려 우측 6m 지점

퍼팅(6.40m − 0.1m)

홀컵을 지나가면 내리막이 심하므로 홀컵까지만 거리 맞춤
5m 퍼팅 ≒ 6.41 − 0.1 × 150% × 10 (+0.0)
3.7번 카운트 ≒ 6.41(3.2번) + 0.1(0.5번)
결과 버디

결과

버디(2온 1퍼팅)

샷	비거리	위치
1st	226.46	페어웨이
2nd	142.99	그린
3rd	6.40	홀인

센추리21 CC 10홀

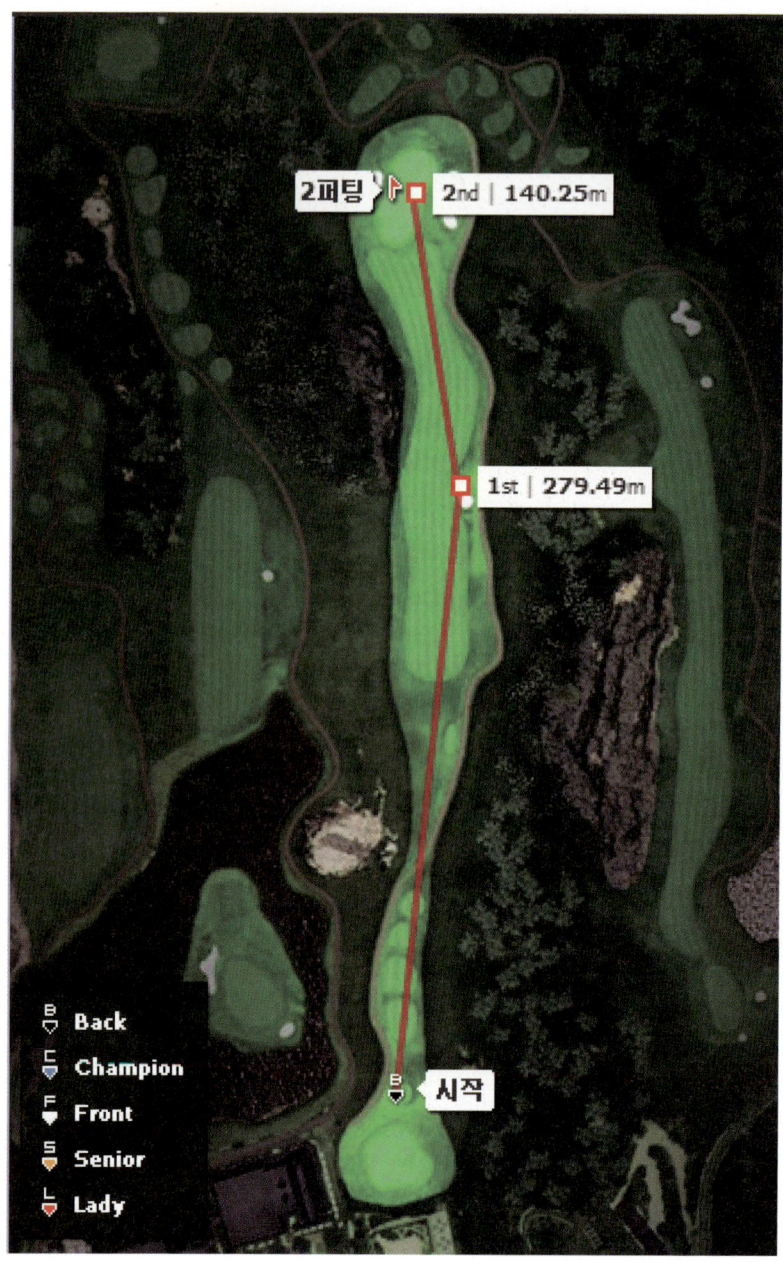

환경

Back Tee	427m - 24.47m
바람	→ 6.5m/sec

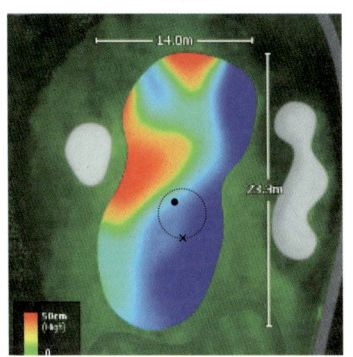

공략내용

티샷
좌우 모두 OB 있음

좌측은 범면이 있으나 티 박스가 높아 악성 훅 발생 시 OB 위험, 우측은 낭떠러지

우측 끝을 보고 드로우 구질 구사

2샷(140 - 4m)
과감한 것보다는 전략적인 샷 필요

3칸 우측 2~3m 짧게 공략하여 오르막 퍼팅 또는 어프로치로 마무리

거리 조절에 실패하여 오르막 옆라이

퍼팅(7.34m - 0.25m)
12.84m 퍼팅 ≒ 7.34 + 0.25 × 2 × 10 (+0.5)

1.92번 카운트 ≒ 7.34(3.17번) - 0.25(1.25번)

2칸을 더 쳐서 홀컵을 돌아 나옴. 파 컨시드

결과

파(2온 2퍼팅)

샷	비거리	위치
1st	279.49	벙커
2nd	140.25	그린
3rd	7.34	그린
4th	0.82	홀인

센추리21 CC 11홀

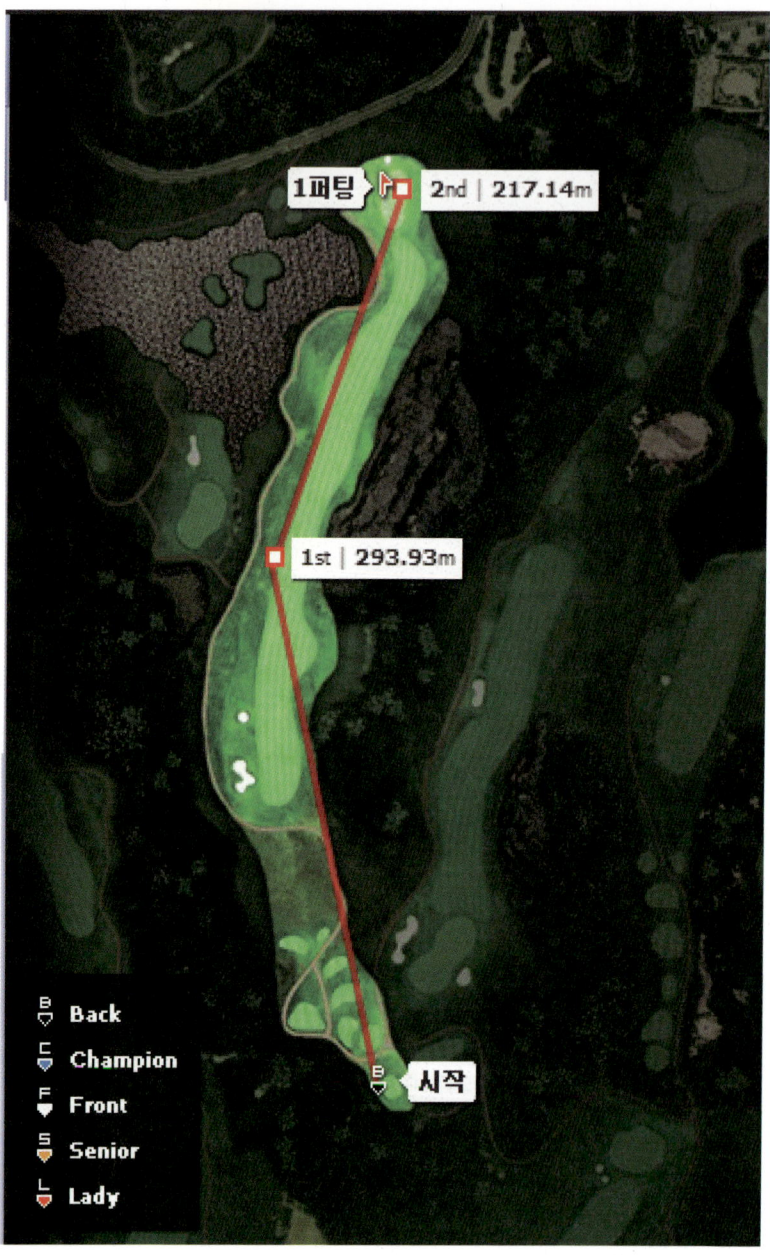

환경

Back Tee	528m − 40.73m
바람	← 7.5m/sec

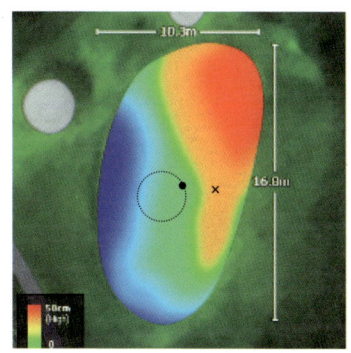

공략내용

티샷(정확한 드라이버 안전하게)

그린 주변에 위험물이 많아 2온은 어려우므로 드라이버도 적당한 거리만 안전하게 보내면 됨 방향 중심으로 안전한 지역 겨냥.

2샷(217m − 6m)

2온을 시도하였으나 바람직한 것은 아님
그린 우측 끝을 보고 드로우 구질로 러닝 시도
러프에 떨어지고 러닝, 런이 적게 발생하여 내리막 옆라이 퍼팅 남음(2온은 성공)

퍼팅(4.74m − 0.15m)

지나가면 내리막이라 많이 갈 수 있음
2.5m 퍼팅 ≒ 4.74 − 0.15 × 150% × 10 (+0.0)
3.8번 카운트 ≒ 4.74(2.3번) + 0.15(1.5번)
결과 이글 성공

결과

이글(2온 1퍼팅)

샷	비거리	위치
1st	293.93	페어웨이
2nd	217.14	그린
3rd	4.74	홀인

센추리21 CC 12홀

환경

Back Tee	185m – 0.9m
바람	↓ 6.5m/sec

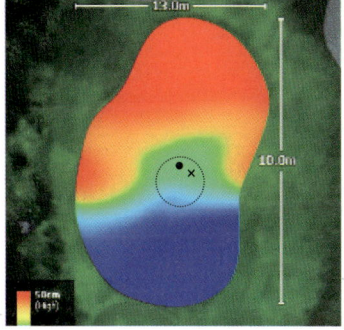

공략내용

티샷

좌측 해저드가 길게 들어와 있어 조심

그린이 전반적으로 오르막이지만 티샷이 그린에 떨어지면 롱 아이언은 탄도가 낮아 홀컵을 지나갈 수 있음

4~5m 짧게 페어웨이에 떨어지게 하고 원바운드 온그린으로 자연스러운 러닝

퍼팅(2.31m + 0.1m)

4.81m 퍼팅 ≒ 2.31 – 0.1 × 2 × 10 + 0.5

0.61번 카운트 ≒ 2.31(1.15번) – 0.1(0.5번)

결과 버디

결과

버디(1온 1퍼팅)

샷	비거리	위치
1st	183.18	그린
2nd	2.31	홀인

센추리21 CC 13홀

환경

Back Tee	320m − 0.52m
바람	↑ 7.5m/sec

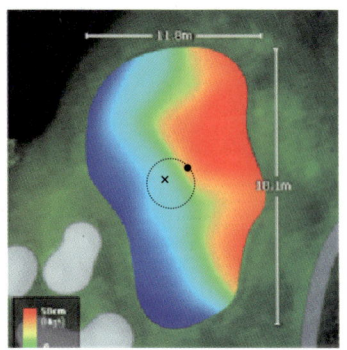

공략내용

티샷(약간 우측으로 과감하게)

비교적 짧은 파4홀이므로 드라이버는
좋아하는 2샷 거리가 남을 수 있게 고려
좌측 페어웨이 끝과 우측 벙커 사이 겨냥
결과적으로 드라이버가 뒤바람을 타고
불필요하게 멀리 나갔음

2샷(50.13m)

홀컵과 그린 앞 벙커 사이가 넓지 않으므로 높은 탄도의 어프로치가 필요
좌측 3칸 2m 정도 짧게 공략(볼 스피드 24 정도)
결과 거리 조절에 실패하여 2.61m 지나가 내리막 퍼팅 남음(볼 스피드 25.2 나옴)

퍼팅(2.61m − 0.1m)

1. 61m 퍼팅 ≒ 2.61 − 0.1 × 150% × 10 (+0.0)
2. 3번 카운트 ≒ 2.61(1.3번) + 0.1(1번)

직선에 가까운 내리막이라 1번 카운트
2m로 과감하게 퍼팅하여 버디 잡음

결과

버디(2온 1퍼팅)

샷	비거리	위치
1st	272.03	러프
2nd	50.13	그린
3rd	2.61	홀인

센추리21 CC 14홀

환경

Back Tee	355m – 10.2m
바람	→ 5.5m/sec

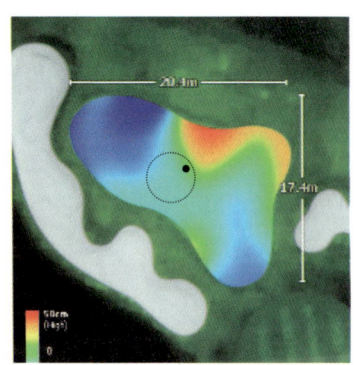

공략내용

티샷

좌측은 벙커가 잡아주고 있어 비교적
안전, 우측은 OB 조심

다소 위험하지만 2샷을 웨지 풀스윙 거리를
남기기 위하여 드로우 구질로 강하게

결과 우측 러프

2샷(94.49 + 0.5m)

좌측 2m, 2m 짧게 오르막 퍼팅이 남게(볼 스피드 40, 탄도 36도)

결과 탄도에 실패(32도)하여 3m 정도 지나가 내리막 퍼팅 남음

퍼팅(2.93m − 0.05m)

2.5m 퍼팅 ≒ 2.93 − 0.05 × 150% × 10 (+0.2)

1.9번 카운트 ≒ 2.93(1.4번) + 0.05(0.5번)

0.5칸 라이 정도고 비교적 짧은 거리라 홀컵 안쪽 보고 과감하게. 퍼팅 결과 버디

결과

버디(2온 1퍼팅)

샷	비거리	위치
1st	266.58	러프
2nd	94.49	그린
3rd	2.93	홀인

센추리21 CC 15홀

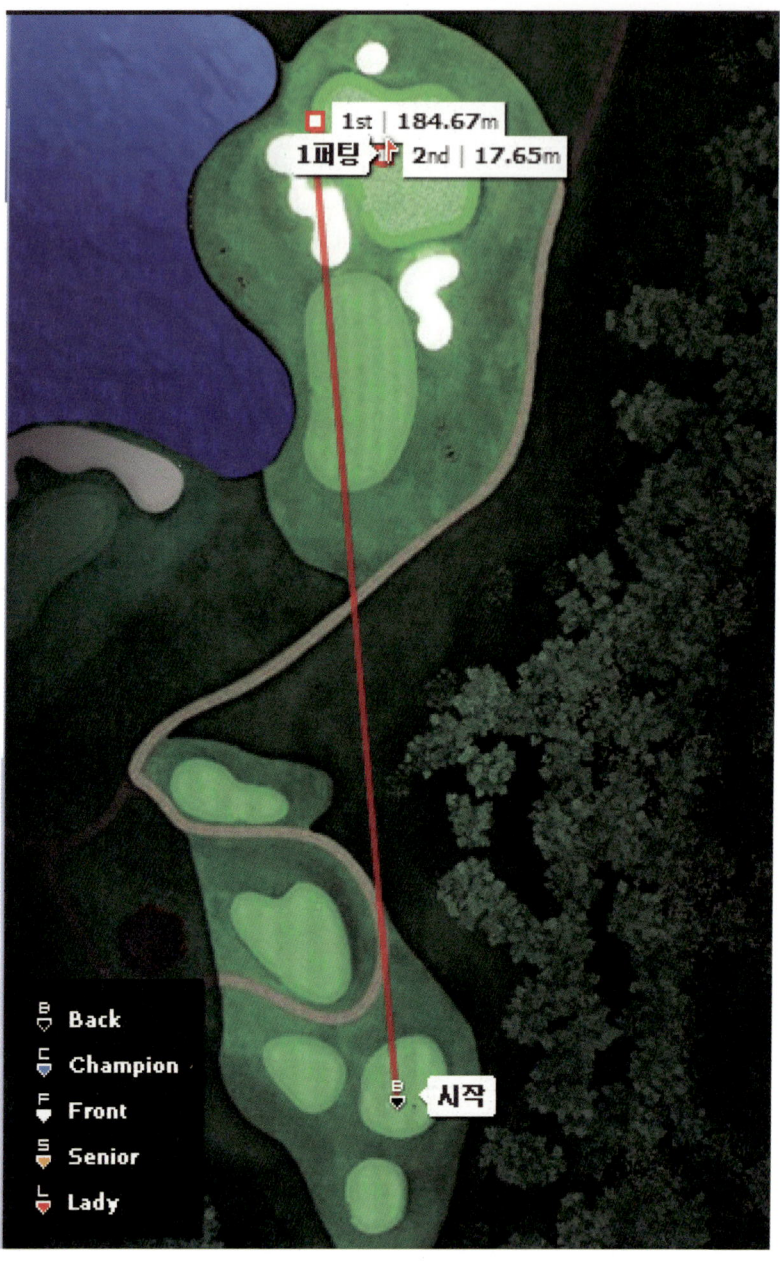

환경

| 바람 | ↓ 6.5m/sec |

공략내용

티샷(전략적)

1m 좌측, 3m 정도 짧게, 만일 짧아서 벙커 샷을 해도 오르막이기 때문에 파세이브에는 전혀 문제없음.

약간 내리막이 있어 맞바람 영향이 클 것으로 예상해 바람과 내리막 감안
176m(볼 스피드 53, 탄도 18도)

결과 좌측으로 약간 당겨져서 좌측 러프 지역으로 감

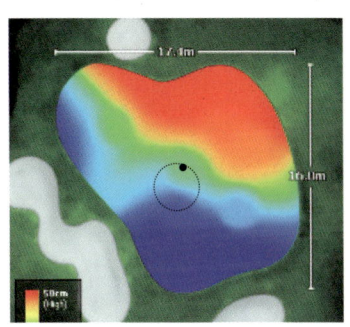

2샷(17.65 + 0.07m)

러닝 어프로치 시 거리 조절에 실패하면 옆라이 많아 2퍼팅 위험이 있어, 42도 정도 높은 탄도로 띄워서 공략(볼 스피드 12, 탄도 42)

퍼팅(1.32m)

결과 파세이브

결과

파(2온 1퍼팅)

샷	비거리	위치
1st	184.67	러프
2nd	17.65	그린
3rd	1.32	홀인

센추리21 CC 16홀

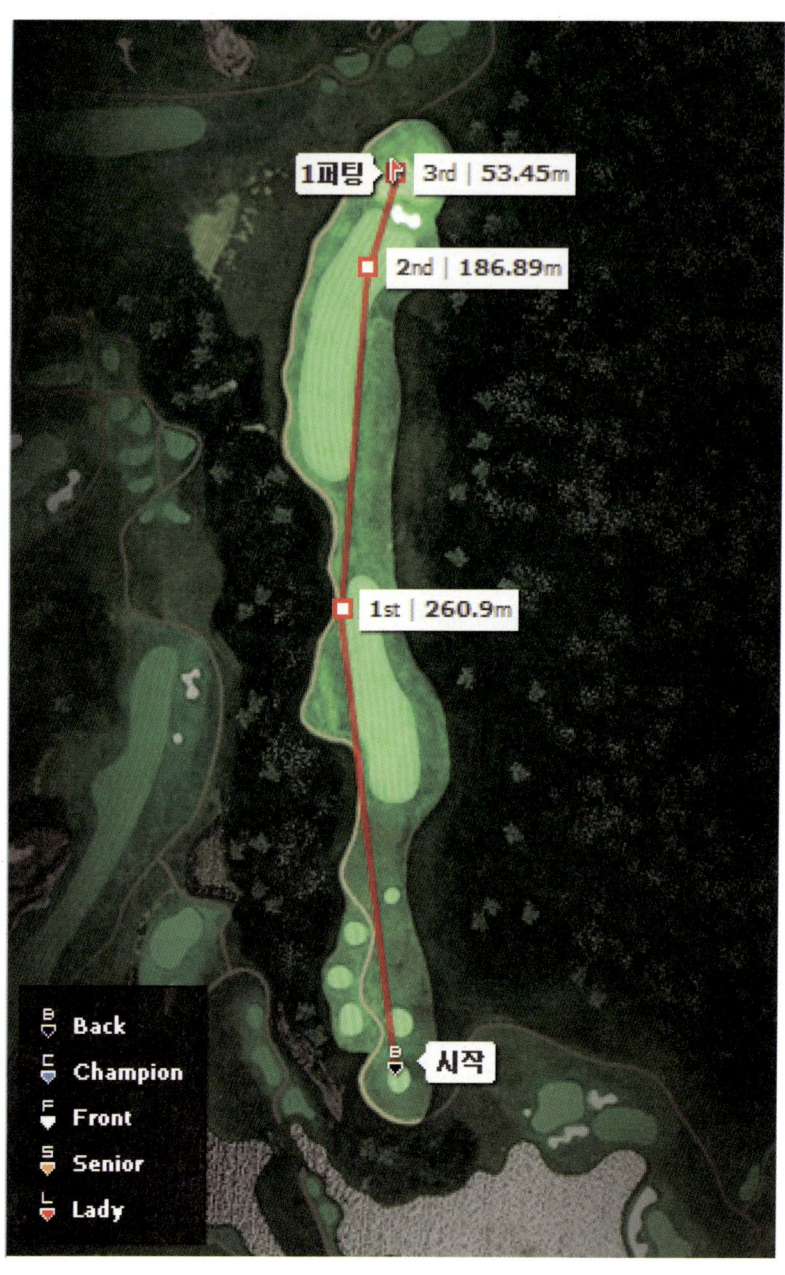

환경

Back Tee	513m – 23.91m
바람	↑6.5m/sec

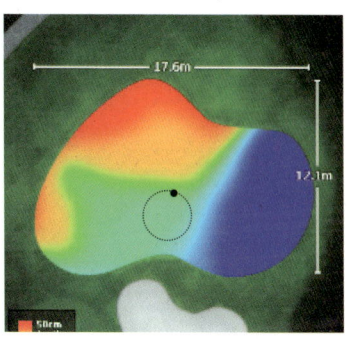

공략내용

티샷(드로우 구질)

티샷 떨어지는 위치 우측은 일부 낭떠러지가 있어 OB 발생 가능성 있음.

좌측은 비교적 안전하나 너무 좌측이면 페어웨이 중간쯤 숲이 샷을 방해할 수 있음.

약한 드로우 구질로 우측으로 밀리지 않는 샷이 필요.

2샷(웨지 풀스윙 거리 남게 거리 조절)

오르막이 계속되어 생각보다 거리가 적게 나감을 고려하여 5번 우드로 높은 탄도로 거리를 확보함

3샷(53.45 + 1m)

그린 앞 벙커와 홀컵 사이 거리가 짧아 높은 탄도의 샷 구사, 2m 정도 짧게(볼 스피드 24.5, 탄도 42)

퍼팅(3.10m + 0.01)

옆라이가 거의 없는 약한 오르막이라 스트레이트 4m 퍼팅으로 버디

결과

버디(3온 1퍼팅)

샷	비거리	위치
1st	260.90	페어웨이
2nd	186.89	페어웨이
3rd	53.45	그린
4th	3.10	홀인

센추리21 CC 17홀

환경

Back Tee	354m – 0.49m
바람	↑ 6.5m/sec

공략내용

티샷(페이드로)

우측 울창한 숲이 위협적
페어웨이 좌측 끝을 보고 페이드 구사
티 박스 위치를 좌측 끝으로 옮기고 약간
우측으로 밀어치는 방법도 좋음
좌측으로 당기면 OB

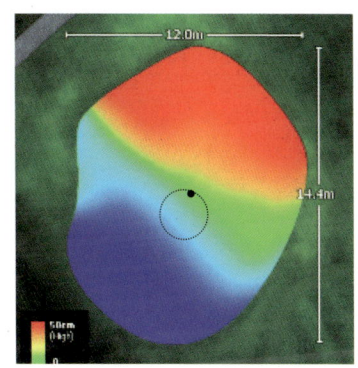

2샷(전략적)

옆라이 경사가 심하기 때문에 핀을 바로 공략해 거리가 짧거나 길면 3퍼팅 우려가 있음
1칸 정도 좌측, 2~3m 짧게 공략하여 오르막 퍼팅 남김

퍼팅(3.31m + 0.12m)

6.21m 퍼팅 ≒ 3.31 + 0.12 × 2 × 10 + 0.5
0.4번 카운트 ≒ 3.31(1.6번) − 0.12(1.2번)
결과 버디

결과

버디(2온 1퍼팅)

샷	비거리	위치
1st	267.20	페어웨이
2nd	89.47	그린
3rd	3.31	홀인

센추리21 CC 18홀

환경

Back Tee	384m − 10m
바람	← 7.5m/sec

공략내용

티샷

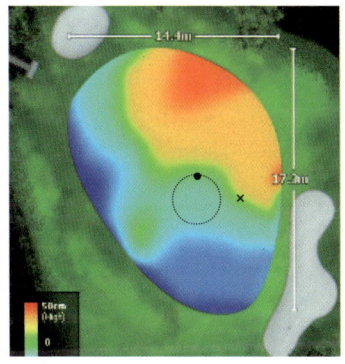

볼 스피드 66까지 안전

티샷 시 우측에 숲이 나와 있어 위험함으로 좌측 끝을 보고 페이드 구사

결과 드라이버를 컨트롤 샷하다가 좌측으로 당겨져 러프 지역으로 들어감

2샷(131.77 + 0.5m)

한 클럽 긴 채로 그린 입구에 떨어뜨려 러닝을 시도하였으나 우측으로 밀려 옆라이 경사(볼 스피드 46)

퍼팅(6.72 − 0.3m)

2.22m 퍼팅 ≒ 6.72 − 0.3 × 150% × 10 (+0.0)

4.8번 카운트 ≒ 6.72(3.3번) + 0.3(1.5번)

결과

버디(2온 1퍼팅)

샷	비거리	위치
1st	249.48	러프
2nd	131.77	그린
3rd	6.72	홀인

골프는 확률이고 통계고 전략이다. 공략도를 보면 알겠지만 철저하게 어프로치는 오르막 퍼팅을 남도록 한다. 내리막 5m보다는 오르막 10m가 원펏에 홀인할 가능성이 높기 때문이다. 그리고 드라이버 샷을 할 때 볼이 위치할 지점에 위험물이 많다면 우드나 롱아이언으로 샷을 하고 세컨 샷을 미들 아이언을 잡는 것이 좋은 스코어를 보장한다.

8

스크린골프
정복하기

플레이어 규칙

경기

제1조 경기

1-1. 총칙

골프존 시뮬레이션 골프대회는 경기위원회가 정한 규칙에 따라 골프존 시뮬레이터 시스템이 인정하는 지정 구역에서 1개의 볼을 클럽으로 플레이하여 1스트로크 또는 연속적인 스트로크로 홀에 넣는 방법으로 진행한다.

1-2. 합의의 반칙

플레이어는 규칙 적용을 배제하거나 받은 벌을 면제하기로 합의해서는 안 된다.

위반에 대한 벌칙은,

- 매치 플레이: 양편 모두 경기 실격
- 스트로크 플레이: 관련자 실격
  (스트로크 플레이에서 잘못된 순서에 의하여 플레이하기로 합의한 경우 규칙 제9조 참조)

1-3. 규칙에 없는 사항

분쟁의 쟁점이 규칙에 규정되어 있지 않은 경우에는 경기위원회의 결정이나, 형평 이념에 따라 재정하여야 한다.

제2조 매치 플레이

2-1. 총칙

위원회가 따로 정한 경우를 제외하고 매치는 한 편이 다른 편에 대항하여 정규 라운드를 플레이하는 것으로 이루어진다. 매치 플레이에서는 각 홀마다 승패를 결정한다. 규칙에 따라 정한 경우를 제외하고 더 적은 스트로크 수로 볼을 홀에 넣은 편이 그 홀의 승자가 된다.

매치 상태를 표현할 때에는 몇 개 "홀 업(HOLE UP)" 또는 "올 스퀘어(ALL SQUARE-A/S)", 그리고 "몇 홀 남았다"라는 용어를 사용한다.

이긴 홀 수가 플레이할 나머지 홀 수와 같을 때에 그 편은 "도미"라고 한다. 매치 상태는 골프존 시스템이 지정하는 표현을 따른다.

2-2. 비긴 홀

양편이 같은 스트로크 수로 홀 아웃 하면 그 홀은 비긴 것이다. 플레이어가 홀 아웃 하였고 그 상대방이 그 홀을 비기기 위한 1스트로크를 남겨 놓고 있을 때에는 홀 아웃 한 플레이어가 만일 그 후에 벌을 받더라도 그 홀은 비긴 것이다.

2-3. 매치의 승자

매치에서 한 편이 경기를 끝내지 않은 홀 수보다 더 많은 수의 홀을 이긴 편이 승자가 된다. 위원회는, 동점이 된 경우, 승패가 결정될 때까지 정규 라운드를 몇 홀이라도 연장할 수 있다.

2-4. 처리 절차에 관한 의문 분쟁과 클레임

매치 플레이에서 플레이어들 사이에 의문이나 분쟁이 생기면 플레이어는 클레임을 제기(提起)할 수 있다.

클레임을 제기하는 플레이어가 (i) 클레임을 제기한다는 것과 (ii) 상황에 관한 사실, 그리고 (iii) 재정을 원한다는 것 등을 그 상대방에게 클레임 제기에 관한 통보를 한 경우에 한하여 위원회는 클레임을 수리할 수 있다.

클레임은 그 매치의 플레이어 중 1명이라도 다음 티잉 그라운드에서 플레이하기 전에 또는 매치의 마지막 홀인 경우에는 매치의 플레이어 전원이 홀 아웃 하기 전에 그 클레임을 제기하여야 한다.

클레임을 제기하는 플레이어가 사전에 몰랐던 사실에 관한 클레임이거나 또는 상대방이 그에게 오보를 제공한 경우가 아니면 위원회는 시한이 지나서 제기한 클레임을 수리해서는 안 된다. 매치의 결과가 일단 공식발표된 후에는, 위원회는 상대방이 오보를 제공하고 있는 것을 자신이 알고 있다고 위원회가 확신하지 않는 한, 시한이 지난 뒤에 제기된 클레임을 수리해서는 안 된다.

2-5. 일반의 벌

매치 플레이에서는 규칙에 따로 정한 경우를 제외하고, 규칙 위반의 벌은 그 홀의 패로 한다.

제3조 스트로크 플레이

3-1. 총칙 우승자

스트로크 플레이는 경기자들이 1 또는 2 이상 정규 라운드의 각 홀에서 경기하고, 각 라운드에 대하여 각 홀에서 낸 그로스 스코어가 기록된 골프존 시스템의 스코어 기록을 토대로 이루어진다. 단, 위원회가 부과한 벌타가 있는 경우는 위원회가 결정하는 스코어가 최종이다.

각 경기자는 경기에서 각기 다른 경기자에 대항하여 플레이한다. 1 또는 2 이상의 정규 라운드를 가장 적은 스트로크 수로 플레이한 경기자를 우승자로 한다.

A. 처리 절차

스트로크 플레이에서 한 홀의 플레이 중에 경기자가 자신의 권리 또는 올바른 처리 절차에 관하여 의문이 있는 경우 경기위원회에 통보하도록 한다.

의문이 되는 상황이 생긴 경우, 즉시 경기위원에게 통보하여 의문을 제기하여 경기위원(심판원) 결정에 의해 플레이를 재계하도록 하여야 한다.

만일 의문이 되는 상황에 대한 처리가 되기 전 다음 플레이어가 샷을 한 경우 즉시 경기위원에 알려 상황을 보고하고, 경기위원회의 결정 및 조치를 따른다.

3-2. 규칙에 따르기를 거부

경기자가 다른 경기자의 권리에 영향을 미치는 규칙에 따르는 것을 거부한 경우 그 경기자는 경기 실격이 된다.

3-3. 일반의 벌

스트로크 플레이에서는 따로 정한 경우를 제외하고 규칙 위반의 벌은 2타로 한다.

클럽과 볼

제4조 클럽

클럽의 적합성에 관하여서는 R&A 규정 및 경기위원회 결정에 따라야 하며, 아마추어 대회의 경우 R&A 클럽 규정을 따르지는 않지만, 반드시 경기위원회에서 인정한 클럽을 사용해야 한다. 비정상적인 클럽이란 경기위원회에서 인정하지 않는 일반적이지 않은 클럽을 의미하며, 경기 중 비정상적인 클럽을 사용해서는 안 된다.

4-1. 클럽의 형태와 구조

A. 총칙

플레이어의 클럽은 위원회에서 지정한 규정, 규격 및 해석에 적합하지 않으면 안 된다.

※ 위원회는, 플레이어가 휴대한 드라이버는 R&A가 발행한 현행 적격(適格) 드라이버 헤드 목록에 등재(登載)된 것과 동일한 모델과 로프트를 확인받은 클럽 헤드를 부착한 클럽이 아니면 안 된다는 것을 요구할 수 있다.

B. 마모와 개조

신품일 때 규칙에 맞는 클럽은 정상적인 사용을 통하여 마모된 후에도 규칙에 적합한 것으로 본다. 어떤 부분이라도 고의로 개조된 클럽은 신품으로 보며 그 개조된 상태로도 규칙에 맞지 않으면 안 된다.

4-2. 성능의 변경과 이물질

A. 성능의 변경

정규 라운드 중 클럽의 성능을 조절하거나 다른 방법에 의하여 고의로 변경해서는 안 된다. 또한 정상적인 센서의 인지를 방해하는 변경을 해서는 안 된다.

B. 이물질

볼 움직임에 영향을 줄 목적으로 클럽 타면(打面)에 이물질을 부착해서는 안 된다.

4-3. 손상된 클럽 수리와 대체

A. 정상적인 플레이 과정에서 입은 손상

정규 라운드 중 플레이어의 클럽이 정상적인 플레이 과정에서 손상을 입은 경우 플레이어는 다음과 같이 할 수 있다.

(1) 그 정규 라운드의 나머지 홀에서 손상된 상태 그대로 그 클럽을 사용한다.

(2) 플레이를 부당하게 지연시키지 않고 경기위원회에 보고 후 그 클럽을 수리하거나 수리받는다.

(3) 그 클럽이 플레이에 부적합하게 된 경우에 한하여, 추가 선택 사항으로써 경기위원회에 그 사항을 보고하고, 그 손상된 클럽을 다른 클럽으로 대체할 수 있다. 클럽을 대체할 때에는 플레이를 부당하게 지연시키지 않아야 하며 그 코스에서 플레이하고 있는 다른 플레이어가 플레이를 위하여 선정한 클럽을 빌려서는 안 된다.

> ※ 클럽이 실질적인 손상을 입었을 경우, 예를 들어 샤프트가 움푹 들어갔거나, 상당히 휘었거나, 부러졌거나, 클럽 헤드가 헐거워지거나, 떨어져 나갔거나, 현저히 변형(變形)된 경우, 또는 그립이 헐거워진 경우 그 클럽은 플레이에 부적합한 것이다. 단지 클럽의 라이나 로프트가 변경되었거나 클럽 헤드가 긁혔다는 이유만으로는 플레이에 부적합한 클럽이라고 할 수 없다. 부적합한 클럽에 대한 판단은 경기위원회에서 결정한다.

B. 정상적인 플레이 과정이 아닌 상태에서 입은 손상

정규 라운드 중에 플레이어의 클럽이 정상적인 플레이 과정이 아닌 상태에서 입은 손상으로 규칙에 맞지 않게 되거나 클럽의 성능이 변경된 경우 그 이후의 라운드 중에는 그 클럽을 사용하거나 대체해서는 안 된다.

C. 라운드 전에 입은 손상

플레이어는 라운드 전에 손상된 클럽이 그 상태 그대로 규칙에 적합하다면 그 클럽을 사용할 수 있다. 라운드 전에 입은 클럽의 손상은 그 성능을 변경시키지 않고 플레이를 부당하게 지연시키지 않는 한 그 라운드 중에 수리할 수 있다.

4-4. 클럽은 14개가 한도

A. 클럽의 선정과 추가

플레이어는 14개보다 더 많은 클럽을 가지고 정규 라운드를 출발해서는 안 된다. 플레이어의 클럽은 그라운드를 위하여 선정한 클럽에 한정된다.

다만 플레이어가 14개 미만의 클럽을 가지고 시작한 경우 합계 14개를 넘지 않는 한 몇 개라도 추가할 수 있다. 클럽을 추가할 때에는 플레이를 부당하게 지연시키지 않아야 하며 플레이어는 그 코스에서 플레이하고 있는 다른 플레이어가 플레이를 위하여 선정한 클럽을 추가하거나 빌려서는 안 된다.

B. 팀 플레이 시 파트너들 사이 클럽의 공용

같은 팀의 파트너들은, 그 파트너들이 휴대한 클럽 수가 합계 14개를 초과하지 않으면, 클럽을 공용할 수 있다. 상기 규칙 위반의 벌은 휴대한 클럽의 초과수에 관계없이 다음과 같다.

- 매치 플레이 – 규칙 위반이 발견된 홀을 끝마친 시점에 규칙 위반이 있었던 각 홀에 대하여 1개 홀씩 빼서 매치의 상태를 조정한다. 다만 빼는 홀 수는 1라운드에 최고 2개 홀까지로 한다.

- 스트로크 플레이 – 규칙 위반이 있었던 각 홀에 대하여 2벌타를 과한다. 다만 벌타 수는 1라운드에 최고 4타까지로 한다.

C. 초과 클럽을 사용하지 않겠다는 선언

플레이어는 규칙 4-3a(iii) 또는 4-4를 위반하고 휴대했거나 사용한 클럽에 대하여 규칙 위반이 있었던 것을 발견한 즉시, 매치 플레이에서는 그 상대방에게 스트로크 플레이에서는 그 마커나 동반 경기자에게 사용하지 않겠다는 선언을 반드시 하여야 되며, 이후 정규 라운드의 나머지 홀에서 사용해서는 안 된다. 규칙 4-4c의 위반에 대한 벌은 경기 실격.

제5조 볼

5-1. 총칙

플레이어가 사용하는 볼은 대회조직위원회에서 승인한 공인구를 사용해야 하며, 위원회에서 승인하지 않은 부적합한 볼 사용은 불가하다.

5-2. 이물질

볼의 성능을 변경할 목적으로 이물질을 볼에 붙여서는 안 되며, 임의로 변형해서도 안 된다. 규칙 5-1 또는 5-2의 위반에 대한 벌은 경기 실격.

5-3. 플레이에 부적합한 볼

볼이 한눈에 보일 정도로 쪼개졌거나, 금이 갔거나, 변형되어 있는 경우 그 볼은 플레이에 부적합한 볼이다. 단지 흙이나 다른 물질이 볼에 붙어 있거나, 표면에 긁히거나 스친 자국이 있거나, 표면의 페인트가 벗겨졌거나, 색깔이 변한 것만으로는 플레이에 부적합한 볼이라고 할 수 없다.

플레이어가 현재 플레이하는 중에 자신의 볼이 플레이에 부적합하다고 생각할 경우 그는 부적합한가 아닌가의 여부를 확인하기 위하여 벌 없이 자신의 볼을 집어 올릴 수 있다.

확인한 볼이 플레이에 부적합한 볼이라 판단하여 볼을 교체하는 순간 시스템에서 플레이한 것으로 인정한 경우는, 상대방 플레이어 및 마커가 인정하고, 경기위원회에서 승인한 경우 구제를 받을 수 있다. 그러나 부적합 볼로 샷을 했을 때(볼이 깨지거나, 깨진 볼을 플레이하였을 경우)에는 구제는 되지 않으며, 샷 전에 볼의 상태를 플레이어가 확인하도록 한다.

플레이어의 책임

제6조 플레이어

6-1. 규칙

플레이어는 규칙을 알아 두어야 할 책임이 있다.

6-2. 출발 시간과 조 편성

A. 출발 시간

플레이어는 경기위원회가 정한 시간 및 부스에서 출발하지 않으면 안 된다.

B. 조 편성

스트로크 플레이에서 경기자는 위원회가 변경을 승인 또는 추인하지 않는 한 위원회가 정한 조 편성대로 라운드를 하지 않으면 안 된다. 위반에 대한 벌은 경기 실격.

주(註): 위원회는, 경기 실격의 벌을 면제해 줄 만한 정당한 사유(事由)가 없는 상황이지만, 경기위원회에서 인정하는 시간 이내에 플레이할 수 있는 상태로 출발 지점에 도착하면 그에 대한 지각의 벌을 경기 실격 대신에 매치 플레이에서는 1번 홀의 패, 스트로크 플레이에서는 1번 홀에서 2벌타로 한다는 내용을 경기 조건에 규정할 수 있다.

매치 플레이 – 규칙 위반이 발견된 홀을 끝마친 시점에 규칙 위반이 있었던 각 홀에 대하여 1개 홀씩 빼서 매치의 상태를 조정한다. 다만 빼는 홀 수는 1라운드에 최고 2개 홀까지로 한다.

6-3. 볼

정당한 볼을 플레이할 책임은 플레이어 자신에게 있다. 플레이어는 경기위원회에서 지정 혹은 승인된 볼 이외 어떠한 것으로도 플레이해서는 안 된다.

6-4. 스트로크 플레이의 스코어

A. 스코어 기록

각 홀의 스코어는 벌타가 부과되는 경우를 제외하고, 시스템상에서 자동 기록된다.

경기위원회에서 여러 사항에 따라 결정한 경우, 마커는 각 홀의 플레이가 끝난 뒤 경기자와 함께 스코어를 점검하고 확인하여야 한다. 이 경우, 라운드가 끝나면 모든 경기자들은 스코어를 확인하도록 한다.

B. 스코어 카드의 서명과 제출(경기위원회에서 결정한 경우에만 적용)

라운드가 끝난 후 경기자는 각 홀에 대한 자신의 스코어를 점검하여야 하며 어떤 의문점이 있으면 위원회에 문의하여 해결하여야 한다. 경기자는 스코어 확인 양식에 서명한 다음 되도록 빨리 위원회에 제출해야 한다. 위반에 대한 벌은 경기 실격.

C. 스코어의 변경

벌타 부과 등 경기위원회가 인정하는 경우를 제외하고, 시스템상의 스코어를 변경할 수 없다. 스코어 변경과 관련한 사항은 경기위원회의 결정이 최종이다.

6-5. 부당한 지연, 느린 플레이

플레이어는 부당한 지연 없이 플레이하지 않으면 안 되며 위원회가 경기속도 지침을 정하거나, 시스템상에 그 경기속도 지침을 적용한 경우에는 그 지침에 따라 플레이하여야 한다. 한 홀의 플레이를 마친 후 다음 티잉 그라운드에서 플레이하기까지의 사이에도 플레이어는 플레이를 부당하게 지연시켜서는 안 된다. 위반에 대한 벌은 경기위원회의 결정을 따른다.

시스템상에서 일정한 시간이 지나 플레이 시간이 카운트되는 경우, 시스템상에서 부과되는 벌타 기준을 따른다.

경기위원회에서 지정한 한계 시간을 초과한 경우 및 3번의 벌타를 받는 경우 – 경기 실격.

벌타 부과 시간 및 벌타기준은 경기위원회에서 발표한다.

6-6. 플레이 중단, 플레이 재개

A. 허용되는 경우

플레이어는 다음의 경우를 제외하고 플레이를 중단해서는 안 된다.

    (1) 위원회가 플레이를 일시 중지시킨 경우

    (2) 플레이어가 부상을 당했을 경우

    (3) 플레이어가 의문점 또는 쟁점에 대하여 재정을 구하고 있는 경우

    (4) 기타 급병(急病)과 같은 정당한 이유가 있는 경우

플레이어의 시스템 조작 부주의로 인해 경기가 종료된 경우, 되도록 빨리 위원회에 그 사실을 보고하지 않으면 안 된다. 위원회가 플레이어의 보고를 받고 그 이유가 정당하다고 인정한 경우에는 플레이어에게 벌이 없으며, 경기위원회는 이어하기 기능을 통해 경기를 속개한다. 단, 이어하기가 불가능한 경우 중단된 최종 홀까지의 기록을 반영한 후 일반모드로 나머지 경기를 계속 진행시킬 수 있다.

고의적으로 플레이를 중단시켰다고 판단될 경우 상벌위원회에 회부 되어 향후 대회 참가 제한 등 불이익을 받을 수 있으며, 동반자 또한 시스템 종료를 고의적으로 묵인하였다고 경기위원회가 판단할 경우 해당 부스 참가자 전원에게 실격 처리를 할 수 있다.

매치 플레이에서의 예외: 플레이어들의 합의로 매치 플레이를 중단하여도 그것으로 인하여 경기가 지연되지 않는 한 플레이어들은 경기 실격이 되지 않는다.

※ 코스를 떠나는 것 그 자체는 플레이를 중단하는 것이 아니다.

B. 위원회 결정에 의하여 일시 중지된 경우의 처리 절차

위원회가 플레이를 일시 중지시켰을 때는 플레이어들은 위원회가 플레이 재개를 지시할 때까지 플레이를 재개해서는 안 된다.

※ 위원회는 위험한 상황이 발생할 가능성이 큰 경우 위원회의 플레이 중지 지시에 따라서 즉시 플레이를 중단하지 않으면 안 된다는 것을 경기 조건에 규정할 수 있다. 플레이어가 플레이를 즉시 중단하지 않은 경우 규칙에 규정된 바와 같은 벌을 면제해 줄 만한 정당한 사유가 있는 상황이 아니면 그 플레이어는 경기 실격이 된다.

6-7. 탄도 조절

플레이어는 본인의 해당 부스의 탄도 조정이 필요하다고 판단될 시 모든 동반 플레이들과 합의 후 대회 시작 전까지 경기위원에게 탄도 조절

요청을 할 수 있다(단, 리얼 대회의 경우 해당). 대회 시작 후에는(로그인) 탄도 조정은 불가능하며 경기위원이 아닌 참가자가 탄도 조정을 하였을 경우 실격 처리되며, 대회 시작 이후에는 어떠한 탄도 관련 항의도 인정되지 않는다.

제7조 연습

7-1. 라운드 전 또는 라운드와 라운드 사이의 연습

대회 라운드 전 대회장이 오픈이 되면, 위원회에서 지정한 시간에 연습장 모드에서 연습이 가능하다. 대회 당일 경기장에서 지정된 연습장 모드 외에 연습 라운드는 금지된다.

규칙 7-1의 위반에 대한 벌은 경기 실격.

7-2. 라운드 중의 연습

플레이어는 한 홀의 플레이 중에 연습 스트로크를 해서는 안 된다. 홀과 홀 사이에서도 연습 스트로크를 해서는 안 된다. 타격 센서를 벗어난 위치에서 공을 놓고 타격을 해서는 안 된다. 단 스트로크를 하지 않은 연습 스윙은 가능하다.

예외: 위원회가 플레이를 중지시킨 경우 플레이어는 플레이 재개 전에 경기위원회가 허가하거나 인정한 장소에서 연습할 수 있다.

규칙 7-2의 위반에 대한 벌은 매치 플레이는 그 홀의 패, 스트로크 플레이는 2벌타.

홀과 홀 사이에서 위반한 경우 그 벌은 다음 홀에 적용한다.

※ 드라이버 연습 스윙은 연습 스트로크가 아니므로 플레이어는 규칙을 위반하지 않는 한 어느 곳에서도 연습 스윙을 할 수 있다.

제8조 어드바이스

정규 라운드 중에 플레이어는 경기위원회에서 인정한 자를 제외하고 부스에서 경기를 하고 있는 다른 사람에게 어드바이스를 해서는 안 된다. 단, 포섬 및 포볼 팀 경기에서는 같은 팀 플레이어에게 어드바이스는 가능하다.

플레이 순서

제9조 플레이 순서

플레이 순서는 경기위원회에서 발표한 출발 시간표나, 시스템상의 경기 순서나, 경기위원회의 지시를 따른다.

A. 홀을 출발할 때

첫 티잉 그라운드에서 오너를 하는 편은 조 편성표의 순서에 따라 결정된다. 조 편성표가 없을 때에는 경기위원회의 지시를 따른다. 한 홀에서 이긴 편이 다음 티잉 그라운드에서 오너를 하고, 한 홀에서 비긴 때는 그 앞 티잉 그라운드에서 오너였던 편이 그대로 오너를 계속한다. 첫 홀의 출발 이후에는 시스템의 순서를 따른다.

B. 홀의 플레이 도중

양쪽 플레이어들이 그 홀을 출발한 후에는 홀에서 더 멀리 있는 볼을 먼저 플레이한다. 시스템에서 결정해 주는 출발 순서를 따른다.

주(註): 위급한 상황 또는 경기위원회가 인정하는 상황인 경우, 경기위원회에서 인정하는 시간 내에 그 부스의 경기를 일시 정지한 후 재개할 수 있으나, 순서를 바꿀 수는 없다. 부득이한 경우는 위원회에 문의한다.

C. 잘못된 순서로 플레이한 경우

경기자가 잘못된 순서로 다른 경기자의 볼을 플레이한 경우 2벌타를 받으며, 다음 경기자가 스트로크를 하기 전에 즉시 심판원에게 알리고 경기위원회에서 시스템을 조정하여 원래 있던 볼의 위치에서 다시 스트로크를 해야 한다. 잘못된 순서를 늦게 인지한 경우에는 즉시 경기위원회에 사실을 보고 한다. 만일 잘못된 순서로 플레이한 후 경기자 중 한 사람을 유리하게 하기 위하여 경기자들이 합의해 일부러 순서를 바꿨다고 위원회가 결정한 경우에는 전원 경기 실격이 된다.

티잉 그라운드

제10조 티잉 그라운드

일반적으로 시스템의 고무티 사용을 원칙으로 하나, 대회조직위원에서 고무티 외의 티 사용을 결정하는 경우, 플레이어는 지정된 티를 사용하여 플레이해야 한다.

10-1. 티에 볼을 올려놓기

플레이어가 티잉 그라운드에서 볼을 플레이할 때 그 볼은 골프존 시스템의 센서가 볼을 인지하는 위치에서 플레이하여야 하며, 지정된 지면 위에서 그대로 치거나 또는 부스에 설치된 지정 티에서 플레이하지 않으면 안 된다.

이때 부스 내의 센서가 볼을 인지하지 못한 경우에는 정 위치에 볼을 놓아 센서가 볼을 인지하도록 해야 한다. 만일 정 위치에 볼을 놓지 않아 타격 후 시스템이 그 타격을 인지하지 않는 경우에는, 다시 볼을 센서가 인지하는 정 위치에 놓고 벌타 없이 다시 플레이해야 한다.

플레이어가 규칙에 부적합한 티 또는 부적합한 방법으로 부정행위를 할 경우에는 경기 실격이 된다. 또한 그 플레이어는 상벌위원회에 회부되어 불이익을 받을 수 있다.

10-2. 티에서 떨어지는 볼

센서가 타격을 인지하지 않아 인플레이로 되지 않은 볼이 티에서 떨어지거나 플레이어가 어드레스하다가 떨어뜨린 경우 그 볼은 벌 없이 다시 스트로크해야 한다.

볼을 놓는 동안이나, 볼을 치지 않았는데 시스템이 타격으로 인정하는 경우에는, 동반 플레이어 모두에게 이 사실에 대한 동의를 받고 경기위원회에 즉각 보고하여 경기위원회의 결정에 따른다. 단, 스트로크한 볼을 시스템이 잘못 인지한 경우에는 시스템이 인지한 대로 플레이를 진행해야 하며, 경기위원회의 지시를 따라야 한다.

제11조 볼을 치는 방법

11-1. 볼은 바르게 칠 것

플레이어는 볼을 클럽 헤드로 올바르게 쳐야 하며 밀어내거나, 긁어 당기거나, 떠올려서는 안 된다.

11-2. 원조

플레이어는 스트로크할 때 어떠한 물리적 원조를 받아서는 안 된다.

매치 플레이는 그 홀의 패, 스트로크 플레이는 2벌타.

11-3. 인공의 기기, 비정상적인 장비 및 장비의 비정상적인 사용

경기위원회는 어느 때든지 인공의 기기(器機), 비정상적인 장비 및 장비의 비정상적인 사용에 관련된 규칙의 변경과 이들 규칙에 관련된 해석을 내리고 변경하는 권한을 갖는다. 어떤 물건을 사용하는 것이 규칙 11-3에 위반되는가 안 되는가의 여부에 관하여 의문이 있는 플레이어는 경기위원회에 문의하여야 한다.

규칙에 규정된 경우를 제외하고, 플레이어는 다음과 같은 인공의 기기(器機)나 비정상적인 장비를 어떤 것이든 사용하거나 어떤 장비도 비정상적인 방법으로 사용해서는 안 된다.

A. 스트로크하거나 플레이할 때 플레이어에게 원조가 될 수 있는 물건

B. 센서의 정상적인 인지를 방해하는 물건

C. 플레이어의 플레이에 영향을 미칠 수 있거나 상황을 판단하는 목적의 물건

D. 클럽을 쥐는데 플레이어에게 원조가 될 수 있는 물건. 다만 다음과 같은 경우는 제외된다.

- 평범한 장갑을 끼는 경우
- 송진, 파우더, 건조제 또는 가습제를 사용하는 경우
- 타월이나 손수건을 그립에 감는 경우

예외:

다음과 같은 경우는 본 규칙 11-3에 위반되지 않는다.

(1) 그 장비나 기기(器機)가 의료상(醫療上)의 이상(異狀) 상태를 완화(緩和)시키기 위하여 고안된 경우

(2) 플레이어가 그 장비나 기기(器機)를 사용하기 위한 정당한 의료상(醫療上)의 이유가 있을 때

(3) 그 장비나 기기의 사용이, 다른 플레이어들보다 플레이어에게 어떤 부당한 이익을 주지 않는다고 납득(納得)한 경우

플레이어가 전통적으로 인정된 방법으로 장비를 사용하는 경우 그는 본 규칙 12-3에 위반되지 않는다.

규칙 11-3의 위반에 대한 벌은 경기 실격

11-4. 2번 이상 치기

한 번의 스트로크 중에 플레이어의 클럽이 2번 이상 볼을 쳤을 시 시스템 결과에 따라 벌타 없이 1스트로크로 인정한다. 단, 의도적인 스트로크라고 판단될 시 경기위원회는 1벌타를 줄 수 있다.

11-5. 러프

플레이한 볼이 러프 상태에 놓여 있을 경우 반드시 볼을 러프 매트 위에 놓고 샷을 해야 한다.

11-6. 페어웨이 벙커

플레이한 볼이 페어웨이 벙커에 놓여 있을 경우 선수 부상 방지를 위하여 벙커 매트는 사용하지 않으며, 페어웨이 매트 위에 볼을 놓고 샷을 해야 하며, 거리 감속은 20% 적용을 받는다.

11-7. 그린 벙커

플레이한 볼이 그린 주위 벙커에 놓여 있을 경우 반드시 볼을 그린 벙커 위에 놓고 샷을 하여야 한다.

제12조 오구

경기자가 플레이 순서를 잘못 인지하여 오구(다른 플레이어의 볼)로 스트로크한 경우는 1벌타를 받는다. 오구로 스트로크를 한 경우 즉각 경기위원회에 보고하여 조치를 받고 지시를 따른다.

퍼팅 그린

제13조 퍼팅 그린

13-1. 총칙

A. 키의 조작

다음의 경우를 제외하고 플레이어는 퍼팅 그린에서 시스템 키를 조작해서는 안 된다.

(1) 코스 미리보기

(2) 언듈레이션 가이드라인 리셋

B. 플레이트의 손상

(1) 플레이어는 시스템상의 잔디 매트를 임의로 손상해서는 안 된다.

(2) 라운드가 시작된 후 잔디 매트의 손상으로 인한 교체 요청은 동반자들의 합의를 얻어 경기위원회에 보고 후 경기위원회의 결정에 따른다.

C. 퍼팅 그린에서 플레이

퍼팅 그린 위에서 방향키 조작 및 어프로치 사용은 금지되며, 단 에이프런의 경우 어프로치 샷은 가능하다. 위반 시 2벌타.

13-2. 시스템이 인정하는 홀 아웃

볼이 시선에서 사라지고, 남은 거리가 0인 경우에도 시스템이 정상적으로 홀 아웃을 선언하지 않는 경우에는 경기위원에게 보고 후, 위원회의 결정에 따른다.

드롭선택

제14조 드롭하기

플레이 도중 볼의 위치상 드롭이 필요하다고 플레이어가 판단한 경우 1벌타를 받고 드롭하기(D)를 할 수 있으며, 드롭의 위치는 핀과 가깝지 않도록 할 수 있다. 드롭하기를 눌렀을 경우 볼은 자동 드롭되어 위치가 나타나며, 드롭을 원한다면 확인 버튼을 클릭하며, 원치 않았을 경우 취소 버튼을 클릭하여 드롭하기 전 위치에서 벌타 없이 플레이를 시작하면 된다.

볼 드롭의 위치는 시스템의 결정에 따른다.

제15조 비정상적인 위치에서의 플레이

움직일 수 없는 장애물 때문에 정상적인 샷을 하기 어려운 지점에 볼이 있을 시 장애물을 피하기 위하여 방향조정 키를 이용하여 플레이할 수 있다.

또한 탈출 불가능하다고 판단될 시 드롭 기능을 이용하여 플레이가 가능하나 1벌타 드롭만 가능하다. 1벌타 드롭 기능을 사용 시 드롭 위치를 확인한 후 드롭 여부를 결정할 수 있으며, 시스템에서 지정해 주는 드롭 위치에서만 플레이가 가능하며, 지정 드롭 위치에서 플레이를 원치 않을 시 드롭 취소를 하고 원위치에서 플레이를 하여야만 한다. 시스템의 오비 티, 해저드 티, 오비 말뚝, 해저드 말뚝 등은 움직일 수 없는 장애물로 간주된다.

제16조 워터 해저드

워터 해저드에 볼이 들어갔을 경우 시스템 지정 위치로 드롭되며, 그 위치에서 플레이하여야만 한다. 워터 해저드에 대한 벌타는 1벌타이다.

제17조 아웃 오브 바운드 볼

OB 티 사용을 설정하였을 경우 티샷이 아웃 오브 바운드가 되었을 시 2벌타를 받고 OB 티 위치에서 다음 샷을 하게 된다.

OB 티 설정을 하지 않았을 경우 티샷이 아웃 오브 바운드가 되었다면 1벌타를 받고 다시 티샷을 하게 된다. 이때 플레이 순서는 시스템 안내에 따른다(다른 플레이어들이 아직 티샷을 하지 않은 경우라면 모든 동반 플레이어들의 티샷을 한 후 샷을 하게 된다). 그 외(티샷 이외)의 샷을 하여 아웃 오브 바운드가 되었을 시 1벌타를 받고 플레이한 위치에서 다시 샷을 하게 되며, 플레이 순서는 바뀌지 않고 바로 다음 샷을 하게 된다.

제18조 언플레이어블 볼

볼이 워터 해저드 안에 있을 때를 제외하고 플레이어는 어느 곳에서도 자신의 볼을 언플레이어블로 간주(看做)할 수 있다. 플레이어는 자신의 볼이 언플레이어블인가 아닌가를 판단할 수 있는 유일한 사람이다. 플레이어가 자신의 볼을 언플레이어블로 간주한 경우 1벌타를 받고 '드롭하기' 기능을 이용해 플레이를 지속한다.

제19조 스리섬과 포섬

19-1. 총칙

스리섬과 포섬에서, 어느 정규 라운드 중에도, 파트너들은 교대로 플레이하여야 하며 각 홀의 플레이 중에도 교대로 플레이하지 않으면 안 된다. 그때 벌타는 플레이 순서에 영향을 미치지 않는다.

19-2. 매치 플레이(match Play)

파트너가 플레이했어야 할 순서에 다른 플레이어가 플레이한 경우 그 편은 그 홀의 패가 된다.

19-3. 스트로크 플레이(Stroke Play)

파트너가 잘못된 순서로 한 번 이상 플레이한 경우 그 스트로크는 모두 취소하고 그 편은 2벌타를 받는다. 그 편은 잘못된 순서로 처음 플레이한 지점에서 올바른 순서로 플레이하여 그 잘못을 시정하지 않으면 안 된다.

그 편이 먼저 그 잘못을 시정하지 않고 다음 티잉 그라운드에서 스트로크하거나 라운드의 마지막 홀에서는 그 잘못을 시정할 의사를 선언하지 않고 퍼팅 그린을 떠난 경우 그 편은 경기 실격이 된다.

제20조 스리볼, 베스트 볼 및 포볼 매치 플레이

20-1. 골프 규칙의 적용

골프 규칙은 다음의 특정 규칙에 모순(矛盾)되지 않는 한 스리볼, 베스트 볼 및 포볼 매치에도 적용된다.

20-2. 베스트 볼과 포볼 매치 플레이

A. 편의 대표자

같은 편은 1명의 파트너에게 그 매치의 전부 또는 일부를 대표시킬 수 있으며 반드시 파트너 전원이 참가할 필요는 없다. 불참했던 파트너는 홀과 홀 사이에서 매치에 참가할 수 있으나 한 홀의 플레이 중에는 안 된다.

B. 플레이 순서

같은 편에 속한 볼은 그 편이 정한 임의(任意)의 순서로 플레이할 수 있다.

C. 오구

플레이어가 오구를 스트로크했기 때문에 규칙에 의하여 그 홀에서 패의 벌을 받은 경우, 그 플레이어는 그 홀에서 경기 실격이 되지만, 비록 그 오구가 그의 파트너 볼일지라도 그 파트너는 벌을 받지 않는다. 그 오구가 다른 플레이어의 볼인 경우 그 볼의 소유주는 오구를 처음 플레이했던 지점에 볼을 리플레이스하지 않으면 안 된다.

D. 편의 경기 실격

(1) 파트너 가운데 어느 한 사람이라도 다음의 어느 규칙에 의하여 경기 실격의 벌을 받은 경우 그 편은 경기 실격이 된다.
- 합의의 반칙
- 클럽 규칙 위반

- 부당한 지연, 느린 플레이
- 티에 볼을 올려놓기
- 인공의 기기(器機), 비정상적인 장비 및 장비의 비정상적인 사용
- 위원회가 부과한 경기 실격의 벌

(2) 전원이 다음의 어느 규칙에 의하여 경기 실격의 벌을 받은 경우 그 편은 경기 실격이 된다.

- 출발 시간과 조 편성
- 플레이 중단

(3) 그 이외 다른 모든 경우에는, 규칙 위반이 경기 실격의 결과가 되는 때에도 플레이어는 그 홀에서만 경기 실격이 된다.

E. 다른 벌이 파트너에 주는 영향

플레이어의 규칙 위반이 파트너의 플레이에 원조가 되거나 상대방 플레이에 불리하게 영향을 미친 경우에는 플레이어가 벌을 받을 뿐 아니라 그 파트너도 해당되는 벌을 받는다.

그 이외 다른 모든 경우에는 플레이어가 규칙 위반으로 벌을 받아도 그 벌이 파트너에게는 없다. 그때 그 벌이 그 홀의 패로 정해진 경우 플레이어는 그 홀에서 경기 실격이 된다.

제21조 포볼 스트로크 플레이

21-1. 총칙

골프 규칙은 다음의 특정 규칙(규칙 21-2에서 21-8까지)에 모순되지 않는 한 스트로크 플레이에도 적용된다.

21-2. 편의 대표자(Representation of Side)

같은 편은 어느 1명에게 정규 라운드의 전부 또는 일부를 대표시킬 수 있으며 반드시 파트너 2명이 모두 참가할 필요는 없다. 불참했던 경기자는 홀과 홀 사이에서 그의 파트너와 합류(合流)할 수 있으나 한 홀의 플레이 중에 합류해서는 안 된다.

21-3. 스코어 기록(Scoring)
　　　－운영위원회에서 규정한 경기에 대해서만 적용

마크는 파트너의 스코어 중 어느 것이든 채택할 그로스 스코어만 각 홀마다 기록하면 된다. 채택할 그로스 스코어는 개인별로 확인하지 않으면 안 되며 확인할 수 없는 경우 그 편은 경기 실격이 된다. 파트너 중 한 사람만 규칙에 따른 책임을 지면 된다.

21-4. 플레이 순서

같은 편에 속한 볼은 그 편이 정한 임의의 순서로 플레이할 수 있다.

21-5. 오구

경기자가 오구를 스트로크했기 때문에 위반한 경우 그 경기자는 2벌타를 받고, 올바른 볼을 플레이하거나 규칙에 의한 처리를 하여 그 잘못을 시정하지 않으면 안 된다. 그때 비록 그 오구가 그의 파트너의 볼일지라도 그 파트너는 벌이 없다. 그 오구가 다른 플레이어의 볼인 경우 그 볼의 소유주는 오구를 처음 플레이했던 지점에 볼을 리플레이스하지 않으면 안 된다.

21-6. 편에 대한 벌

편 가운데 어느 한 사람이라도 다음의 어느 규칙을 위반하면 그 편은 벌을 받는다.

- 클럽 규칙
- 각 라운드마다 최고의 벌이 부과되는 로컬 룰이나 경기 조건

21-7. 경기 실격의 벌

A. 1명의 파트너가 규칙을 위반한 경우

파트너 가운데 어느 한 사람이라도 다음의 어느 규칙에 의하여 경기 실격의 벌을 받은 경우 그 편은 그 경기에서 실격이 된다.

- 합의의 반칙
- 규칙에 따르기를 거부
- 클럽 위반
- 부당한 지연, 느린 플레이
- 라운드 전 또는 라운드와 라운드 사이의 연습
- 티에 볼을 올려놓기
- 인공의 기기(器機), 비정상적인 장비 및 장비의 비정상적인 사용
- 플레이에 원조가 되는 볼
- 위원회가 부과한 경기 실격의 벌

B. 2명의 파트너가 모두 규칙을 위반한 경우

다음의 경우에 그 편은 그 경기에서 경기 실격이 된다.

(1) 2명의 파트너 모두가 출발 시간과 조 편성, 또는 플레이 중단의 위반으로 경기 실격의 벌을 받은 경우

(2) 같은 홀에서 각 파트너가 경기 실격의 벌이 규정된 규칙을 위반하거나 그 1홀에서 실격의 벌이 규정된 규칙을 위반한 경우

C. 그 홀에서만 실격

위의 (1), (2) 이외의 경우에는, 실격이 되는 규칙 위반을 해도 경기자는 규칙 위반을 한 그 홀에서만 실격이 된다.

21-8. 다른 벌이 파트너에 주는 영향 (Effect of Other Penalties)

경기자의 규칙 위반이 파트너의 플레이에 원조가 되는 경우에는 경기자가 벌을 받을 뿐 아니라 파트너도 해당되는 벌을 받는다. 그 이외 다른 모든 경우에는 경기자가 규칙 위반으로 벌을 받아도 그 벌은 파트너에게는 없다.

경기 관리(Administration)

제22조 경기위원회

22-1. 경기 조건 규칙의 배제

경기위원회는 플레이할 경기에 관한 조건을 제정하지 않으면 안 된다.

스트로크 플레이에 관한 규칙 중 어떤 규칙은 매치 플레이의 규칙과는 본질적으로 다르기 때문에 그 두 경기방식을 혼합해서 플레이할 수 없고 또한 허용되지도 않는다. 이 상황에서 플레이한 매치의 결과는 무효이며 스트로크 플레이에서 경기자는 경기 실격이 된다.

스트로크 플레이에서 경기위원회는 경기위원의 임무를 제한할 수 있다.

22-2. 출발 시간과 조 편성

경기위원회는 경기자들의 출발 시간을 반드시 정하여야 하며 스트로크 플레이에서는 경기자들이 플레이해야 할 조를 편성하지 않으면 안 된다. 매치 플레이 경기가 장기간에 걸쳐서 플레이될 경우 위원회는 각 라운드를 끝마치지 않으면 안 될 기한을 반드시 정하여야 한다. 그 기한 내에 그들이 매치할 날짜를 조정하도록 플레이어들에게 허용된 경우, 경기위원회는 플레이어들이 그 전날까지 합의에 도달하지 못하면, 그 기한의 마지막 날 지정된 시간에 그 매치가 시작되지 않으면 안 된다는 내용을 발표하여야 한다.

22-3. 핸디캡 스트로크 표

경기위원회는 핸디캡 스트로크를 주거나 받는 홀의 순서를 나타내는 스트로크 표를 발표할 수 있다.

22-4. 경기 실격의 벌 위원회의 재량권

경기위원회는 예외적으로 개별적인 경우에 한하여, 그와 같은 조치가 정당하다고 판단할 경우, 경기 실격의 벌을 면제하거나, 수정하거나, 부과할 수 있다. 경기 실격보다 더 가벼운 벌은 어느 경우에도 면제하거나 수정해서는 안 된다.

위원회는 플레이어가 에티켓의 중대한 위반을 했다고 간주할 경우 플레이어에게 경기 실격의 벌을 부과할 수 있다.

22-5. 로컬 룰

A. 제정의 방침

위원회는 대회 장소의 비정상적인 상태에 대한 로컬 룰을 제정할 수 있다.

B. 규칙의 배제 또는 수정

골프 규칙은 로컬 룰에 의하여 배제되어서는 안 된다. 그러나 규칙을 수정하는 로컬 룰을 제정할 필요가 있을 정도로 비정상적인 코스 상태가 정상적인 플레이를 방해한다고 경기위원회가 판단할 경우 그 로컬 룰은 승인을 반드시 받아야 한다.

제23조 분쟁과 재정

23-1. 클레임과 벌

A. 매치 플레이

경기위원회에 클레임이 제기된 경우는, 필요하면 매치의 상태를 조정할 수 있도록 빨리 재정을 내려야 한다. 경기위원회는 클레임이 제기되지 않은 경우는 그 클레임을 심의해서는 안 된다. 위반에 대한 경기 실격의 벌을 적용하는 데는 시한(時限)이 없다.

B. 스트로크 플레이

스트로크 플레이에서 경기가 끝난 후에는 벌을 취소하거나, 수정하거나, 과해서는 안 된다. 경기 결과가 공식적으로 발표된 때 또는 매치 플레이에 나갈 사람을 선발하는 스트로크 플레이 예선(豫選)에서는 그 플레이어가 첫 번째 매치에서 티오프 했을 때 끝난 것이다.

예외: 다음과 같은 경우에는 경기가 끝난 후에도 경기자는 경기 실격의 벌을 받지 않으면 안 된다.

- 합의의 반칙을 위반했던 경우
- 경기자가 경기가 끝나기 전에 벌을 받은 사실을 모르고 있었기 때문에 그의 벌을 포함시키지 않은 경우를 제외하고, 어떤 이유로든 어느

홀에서라도 실제로 낸 스코어보다 더 낮은 스코어를 제출한 경우
- 경기자가 벌이 실격으로 규정된 플레이를 위반한 것을 경기가 끝나기 전에 알고 있었던 경우

23-2. 심판원의 재정(Referee's Decision)

경기위원회가 임명한 경기위원의 재정은 최종적인 것이다.

23-3. 위원회의 재정

경기위원이 없을 때는 규칙에 관한 어떤 분쟁이나 의문점은 경기위원회에 문의하지 않으면 안 되며 그 경기위원회의 재정은 최종적인 것이다.

경기위원회가 재정을 내릴 수 없는 경우 그 위원회는 골프 규칙에 관한 분쟁이나 의문점을 조직위원회에 회부할 수 있으며 조직위원회의 재정은 최종적인 것이다.